日頭浮海 照亮的所在

照護臺灣東部醫療的眞心英雄

總策畫／花蓮慈濟醫學中心
撰文／凃心怡

第二部　醫療科技力

第九章▼啟動遠距醫療／121

第十章▼遠距看診／133

第三部　緊急救護

第二十四章▼擦亮花東的櫥窗／305

楔子

這片狹長的土地是全島最先照到日光之處，在每個被太陽所祝福的日子裡，大地會被籠罩在美麗耀眼的祝福閃耀中，火車從北、從南，咿咿呀呀的載來一列列前來朝聖的人們，眾人讚歎著她的美麗，也汲取著空氣中的新鮮氧氣。

看似一片祥和的風景裡，很少有人能夠發現，那些被大山、峽谷與深海所遮蔽的角落與鄉村，豔陽撒落的並非所有都是祝福，很多時候，是陰鬱的哀愁。

種種訴不盡、說不完也難以被看見的愁苦，花蓮慈濟醫院院長林欣榮僅以一語就道盡其中的辛酸，「說到底，花蓮與臺東的哀愁，就是醫療資源與分配的不平均。」

從醫生涯曾在北部、中部與南部醫院工作過的林欣榮，望向辦公室外的楚楚藍天，在重回花蓮的這幾個年頭裡，他內心感觸甚深，因為在同一片藍天之下，花東地區與外縣市的醫療風景是如此的截然不同。

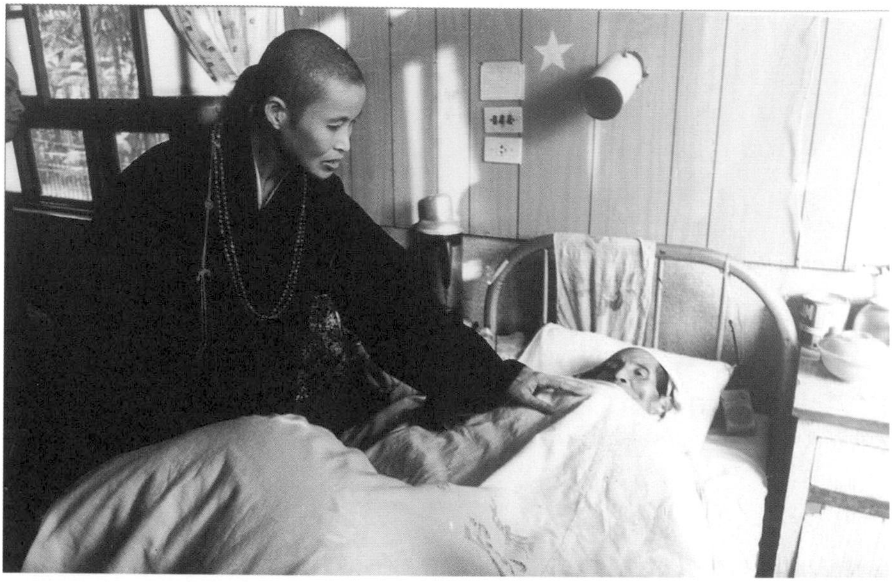

證嚴法師成立佛教克難慈濟功德會，濟貧施醫，深刻體會貧病相生。

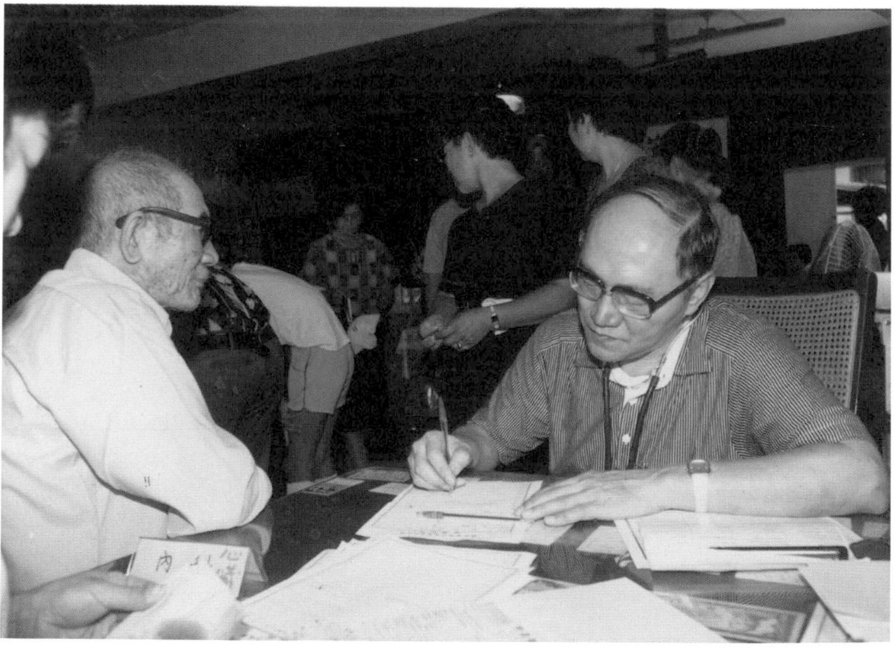

慈濟醫院興建前，時為臺大醫院副院長的曾文賓教授，利用假日到慈濟義診所為花蓮鄉親看病。

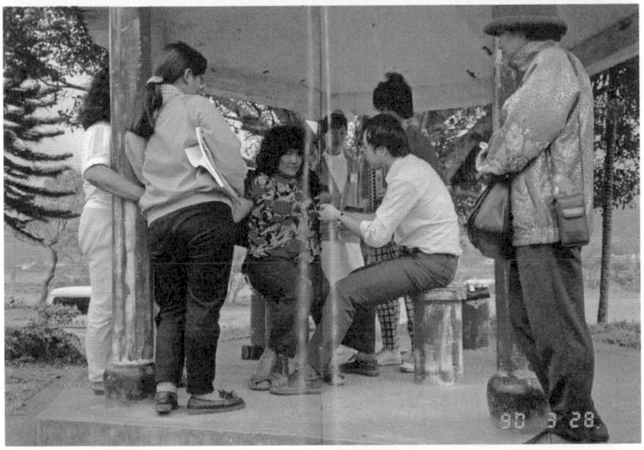

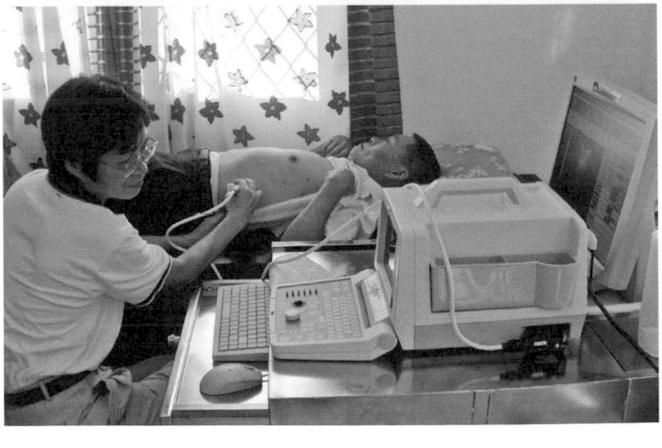

交通影響花東偏遠村落居民的就醫意願，醫療團隊走進社區，希望能幫助到居民的健康。

早期，證嚴法師率領慈濟委員下鄉至鳳林鎮山興里（舊稱六階鼻）探訪照顧戶，途中遊覽車陷入花蓮溪河床沙石中，委員不顧天寒水冷，合力推車。

「我們常說，健保制度是為了保障每個人都能擁有健康平權，但現實上看來，健保制度下是在真真實實的上演著貧富不均的遺憾。」訴諸不公平待遇的話語中，沒有堅硬冰冷的抗議，而是柔軟內心一再被刺痛的難捨。

要將健保制度下的貧富不均一一訴說，林欣榮不選擇先以扣人心弦的風花雪月故事談起，在滑鼠的移動下，對準了一份簡報檔，他輕輕點兩下，幾張數據報表在拉下簾子的辦公室內，刺痛現場每一雙眼睛。

他想先從健保費用的分配談起。

「臺灣健保分為六個區。」簡報上的臺灣地圖羅列不少文字與數字，清楚的顯示臺北業務組負責北北基、宜蘭以及金門與連江地區，而北區業務組則涵蓋桃竹苗地區，中區業務組負責臺中、彰化與南投，南區業務組則負責雲林、嘉義與台南，高屏業務組的分區範圍則有高雄、屏東與澎湖，東區業務組則是負責花蓮與臺東。輕聲將六區業務範圍交代解釋之後，林欣榮話鋒一轉，言詞從平穩轉為無奈，「健保費用在分配的時候，把六個區的醫療資源都當作是一樣的，用最簡單的舉例就是——例如臺北有捷運，花蓮也有。」

這個舉例相當簡短，卻訴諸了所有。

「淡水的民眾可以搭捷運到榮總看病，往返交通費不超過一百元，但卓溪鄉的民眾要到花蓮市來看病，他們沒有捷運，只能坐計程車，車費往返就要三四千元。」林欣榮下意識的在桌面上敲動手指頭，彷彿這麼做就能將心中的奈何透過敲擊宣洩出來。他表示，健保體制下的預算分配將這些交通因素、地理因素、經濟因素視作各區相同，因此在分配總額時，就會產生不公平的現象，「這讓花東地區在各項醫療指標的表現上始終低下，這就是我們所面臨的哀愁。」

為了輔助各區平衡發展，衛生福利部推動醫院總額風險移撥款，從醫院總額五千多億裡，取出兩億分配給各區，其中東區就有九千兩百萬元。

九千兩百萬元的挹注看似將帶來一片好風景，但坐在林欣榮旁的花蓮慈濟醫院主任祕書陳星助卻選擇在此時適時出聲，幾句話就點破這筆金額所象徵的夢幻泡泡，「這筆錢，是我們好不容易爭取來的。」

陳星助表示，隨著當區人口數變少，預算就會變少，看似毫無疑問的資源分配，其中卻隱含著令人為之頭疼的大問題，「花東青少年外移，導致人口數銳減，但是留在花東的人有相當高的比例是老年人口，這些人對醫療的需求是很高的。」

將回憶拉回二〇一七年，陳星助語氣顯得無助，他輕聲嘆息，將身處花東地區人民的委屈化為一聲長嘆，「那一年，花東地區就減少了九千一百萬元的預算，最弱勢的地方，預算還要吐出去給其他地區使用，公平嗎？」

再翻開另一張報表，當年東區醫院總額增加兩百九十三億，陳星助無奈中又自問了同樣一句話，「這麼努力做事的地區，還要吐錢給其他地區使用，公平嗎？」

聲聲問著公平嗎？答案卻是明朗的不公平三字，但他們不甘只是吞忍與被迫接受。

林欣榮將身子往椅背一靠，回憶起幾年前那個破釜沉舟的決定，至今他依舊無悔，「當時我們就決定要有大動作。」

身為醫者，林欣榮應當將所有時間與精力投注在診間與手術台上，可是內心總有著一個聲音推動著他不斷往院外求援。自從幾年前他重新回到花蓮並再度踏上這塊土地上開始，他就知道自己應該要行動了，因為從他離開到回歸，已經過去好多年的時間了，但花蓮的醫療困境依舊如此。

台東馬偕醫院副院長白明忠帶領團隊進社區做健康篩檢。

門諾醫院在花蓮縣卓溪鄉的IDS

這讓走出醫院的腳步變得更加堅定，他領著花蓮慈濟醫院團隊開始串聯花東地區所有的醫院，一家一家取得共識，希望中央單位能將風險移撥款「還」給東部。

取得共識只是第一步，眾人緊接著徹夜擬出一分連署書，羅列諸多足以說服眾人的資料，帶往當時身任花蓮立法委員的蕭美琴的辦公室，請求立委的支援，希望透過她強而有力的發聲，替十七家醫院、替東部把深埋基層的話語給傳遞上去。

林欣榮是國內神經外科的權威，從醫數十年來歷經過不少艱難的手術，未曾在艱辛的困境中迷失方向，而在替東區爭取預算的當下，他也將在手術台上勇無畏懼的執著化為爭取預算的行動力，那一年在十七家醫院的支持與立委的協助之下，他們成功的為花東地區爭取到四千萬元的預算。這筆錢雖然不多，在克難當下仍不無小補，然而開懷的日子並不長久，到了二〇一八年，這筆錢又憑空消失了。

於是曾走過的路又得再重新走上一趟，直到二〇一九年才又爭取到九千兩百萬元的支持，雖然爭取預算的過程坎坎坷坷，但林欣榮如今談起，臉頰因為興奮而微微發熱著，「令人欣慰的是，以後我們不必每年都去爭取了，這將成為制度，年年都有。」

問林欣榮，這筆預算提撥下來之後，如何運用？他的回答沒有刻意的謹慎，只是將真實完整陳述。

「這是十七家醫院的夥伴一起成就而成的事情，因此這筆錢當然也由十七家醫院共同的使用。」林欣榮的話飄蕩在會議室中，他表示，眾人深知這筆錢得來不易，該如何妥善應用才能妥善提升花東地區民眾的健康，成為這筆款項使用上的核心思想。

林欣榮並不同意雨露均霑的說法，反而更細緻的表示，是要讓每一分錢都落在需要的地方。

於是他們用了一年的時間，紮紮實實、妥妥當當地進行盤點與調查。

「我們做了許多資料分析，發現花東地區有三大哀愁。」接續著林欣榮的話之後的，是與他並肩作戰多年的好伙伴陳星助，他將資料分析所發現的困境一一娓娓道來。

首先是花東地區醫療資源的不平均，在這狹長的土地上擁有十七家醫院，數量看似勉強充足，然而細細探究就能發現，幾間較為大型且設備、科別完善的醫院，卻都只集中在花蓮的北部與臺東北部。

再者則是人口結構的改變，根據分析報告，十到二十歲的人口數以及五十到六十五歲的人口數是一大高峰，而二十一到四十九歲的人口卻因為到外地工作而大幅銳減，導致留存在花東地區，多為醫療需求較大的長者。

第三個哀愁則為疾病特性，其中花東地區的癌症發生率雖然名列全國縣市的中段，然而攤開死亡率的報表，臺東排名第一，花蓮排名第三，根本原因就在於住家與醫院的交通距離太過遙遠；另一方面，新生兒死亡率也排名全臺前三名，慢性疾病更是無孔不入。

諸多的難題化為哀愁的種子，開出遍地憂傷的花朵，更別提東部這個地廣人稀之處，經濟規模根本不足以支持更多的醫院進入投資設立，雪上加霜的是，後山之地醫護招募困難重重，單以目前的醫師能量平均計數，一名醫師就要照顧五點四平方公里的區域。

「如果反過來想成是病患呢？」看著花東地圖，林欣榮在空中比劃著一個難以在第一時間就被理解的圖，但身為一名與無數病患、家屬解析過病情的神經外科醫師，他懂得用更淺顯易懂的話語訴說分明，「等於是，病患必須要跑那麼遠的距離才能找到一位醫師替他看病，而眼前的這位醫師是不是他所患疾病的專科醫師，還不能強求呢！」

所有的分析都指向一口最灰暗的隧道，往裡邊望去，只有一片無止盡的黑暗，九千兩百萬元無疑就像是一盞小煤燈，只能領著人碎步向前行，要找到出口，實在為難。問林欣榮與陳星助，風險移撥款真能替花東地區做些什麼嗎？

這個提問顯然擊中林欣榮與陳星助的心，一掃方才逐漸累積在他們臉上的陰霾，光彩自毛細孔慢慢暈了開來。

先開口說話的，是林欣榮，這一回他顯得興致勃勃，「當然有！才短短兩年，我們十七家

花東十七家醫院代表及醫師、牙醫師、中醫師、護理師……等公會代表與賴清德副總統座談，對東區醫療的規劃。

醫院真的做出了成效！」

他邊說著，與他默契十足的陳星助忙不迭的又開啟了另一份簡報檔，上頭的數據很誘人，卻也很難背誦，但林欣榮顯然把上頭那幾個數字刻在心裡，沒將眼神往簡報看，脫口便是如數家珍，「幾年前，花東平均壽命比起全臺灣，平均足足少了五年的壽命，而原住民更是少了八年之多！可是才經過兩年，就今年所公布的數字，全臺壽命延長零點一七歲，但花蓮延長了零點四七歲，臺東則是有零點五三歲的成績，我們東部地區等於是在用三到四倍的速度在追趕。」

不過當初風險移撥款確定撥款時，他們其實也聽到不少質疑的聲音，認為他們大膽提出希望能提升花東地區的平均餘命願景，無疑只是在繪製一份徒勞無功的幻想藍圖。

然而林欣榮提醒大家，小煤燈在一面漆黑中，象徵的不只是光明，還有溫暖與希望；或許一盞小煤燈能做的有限，但提燈的人若是聚集在一起，在幽暗隧道裡的光，就足以將出口照亮。

除了花東地區十七家醫院不分你我的齊心協力，他們甚至也結合各地鄉鎮衛生所、地區診所，期待能奮力一搏，用這為數不多的款項搏出最大的效益。

「東部地區確實有天生的哀愁，而我們就必須想方設法，來擦亮這個櫥窗。」林欣榮始終認為，臺灣有兩項制度堪稱世界明珠——一是教育平權，再者即是健康平權。無論貧富，人人都享有受教與就醫的權利，花東地區不能被陰霾所蓋。

九千兩百萬元的金額確實不足以為傲，單就帳面上看這筆款項，能做的事情少之又少。然而林欣榮卻也提醒著，這筆錢不是那盞小煤燈，而只是能延遲煤燈壽命的部分煤油而已。

數十年來，在這一片土地上投入醫療的有志之士，始終汲汲營營，他們爭取各式各樣的計畫，發想出各種辦法，期待能為這片土地上的人們盡可能的抹去不公平的陰影，盼這股力量能宛如春風，奮力的在豔陽下吹起一絲涼爽，即使挑戰隨時都可能將這份涼風蒸發，他們也無所畏懼。

「這些人的努力至今不輟，這筆錢的挹注對他們而言，就是一股推進的動力。」林欣榮坦言，即使在風險移撥款的幫助之下，花東仍待解決的醫療困境清單仍有好長一串，但內心的希望始終不曾離他遠去，期待有那麼一天，陰影不再是潮濕陰暗的代名詞，而是綠蔭乘涼的美麗淨土。

第一部　送醫療上山

第一章 ▼ 舉步入山

★致敬——第十五屆個人醫療奉獻獎得主曾文賓醫師（花蓮慈濟醫院）

不分日夜，臺灣中南部沿海地區的幾個小村落總會傳來聲嘶力竭的哀號聲，痛苦發聲的是罹患四肢末端發黑潰爛怪病的患者，被疾病折磨的萬般痛苦的他們不知道自己究竟是罹患了什麼病，在一九五七年的那個時候，全臺醫師也對此病束手無策。

一群醫師於是決定集結起來，深入這些被怪病侵襲的村落，決心找出端倪，曾文賓就是其中一位。被譽為是臺灣本土高血壓研究的先行者，同時也是國內從事臨床流行病學調查的第一人，曾文賓對流行病學幾乎是一頭栽入，這場怪病來得突然，發展也快，他期望自己能一如過往，為病人找出治療的希望。

他逐一探訪患者，看過罹患相同怪病的人數高達四萬多人，其中親自收治了一千八百多位患者，在惡臭壞疽的味道包圍中，他只能耐著性子抽絲剝繭，時間與執著終究沒有辜負他，一九八六年曾文賓於《環境衛生展望》國際期刊發表研究成果，表示烏腳病的盛行與飲水中的砷含量有關，這份研究報告不僅促成政府提撥經費完成疾病盛行地區的自來水工程架設，也成為世界衛生組織（WHO）採行飲水含砷量標準的重要依據。

曾文賓為偏鄉受苦的病患，找到得以離苦得樂的解方，在臺東區部落長大的陳俊勳一直以來也希望，有相同熱情的醫者，能來解除偏鄉地區長年來因為交通不便而導致的就醫困難。

陳俊勳在臺東的部落裡長大，這裡雖然生活並不豐足，但上天給的自然資源，足以讓在地不多的人口得以溫飽度日，雖稱不上安居樂業，卻也由於沒有太多比較，好長一段時間裡，他始終認為，這樣的日子還算平凡。

直到他長大成人後到都市打拚，這才知道原來世界很大，也才明白，原來生活可以便捷又豐足。

「你聽過泰源監獄嗎？」不等筆者回答，陳俊勳自顧自的把心裡的話一一掏出，彷彿那些都是卡在喉頭、刺痛他許久的刺。他口中的泰源監獄位於臺東縣東河鄉北源村，這座位處在深山裡河階台地上的監獄早已在一九九二年更名為「臺灣泰源技能訓練所」，不過陳俊勳仍然很難將臺灣泰源技能訓練所幾字完整背誦，因為那不在他的記憶之中。

「你想，一個專門用來關罪犯的地方，一定是被設在交通極其不便之處，對吧？」從一個餵養自己長大的青山綠水，成為口中交通極其不便的窮山惡水，牽動陳俊勳對兒時記憶的巨大轉變，來自於父親的一場病。

當時離家最近的醫院，是現今的部立臺東醫院，以地圖上的直線距離，其實也不過才五十幾公里，但光是描述老父親要去一趟醫院的歷程，陳俊勳就用了將近五分鐘的時間。

他說，即使只是再單純不過的回診，父親仍得晨起即行，回到家時早已夕陽西下。

每當老父親要到醫院報到那天，早上一定得坐上第一班的公車，那班公車從市區開進山裡來，經過離家最近的站牌約莫是七點多，沿途再接上幾個學生，等車開進校園剛好赴上八點的第一堂課。

「到了學校，司機會在這裡稍作休息、吃個早點，大約八點半到九點之間才會出發前往臺東市。」陳俊勳手指在空中畫了幾個圈，表示車子順著蜿蜒的山路就能繞出山，距離市區也就不遠了，而那幾個圈卻像是打了無數個結的翻花繩，因為中間停靠站多，車子走走停停之下，到市區的醫院幾乎都快要接近十點，「掛個號、等個號，看個醫生三分鐘，出來繼續等著批價領藥，走出醫院都快十二點了。」

老人家領了藥，結束一天最重要的工作後，才終於放下心中的大石，胃也在此同時因為一早未進食而難耐飢餓地發疼，眼見下一班車兩點多才能來，老人匆匆找個簡單的麵飯攤囫圇吞下，等著公車來把他帶回家。

回山上的這一趟路，每一個閃過眼前的畫面，猶如白日下山的倒轉，他得再跟著公車司機到學校，無論時間早晚，也總是得停上一段時間，因為這班車最主要的目的不是送人上山，而是接孩子放學，等到四點半放學的學生陸續上車，車子才會啟動，沿途還得一個一個送下車，最後才能抵達自家那一站。

老人好不容易返抵家門，還能來得及喘口氣，抬眼看了眼自家牆上的老舊時鐘，已經是黃昏五點了。看著手上的藥包，他只能嘆息，已經沒有本錢一擲千金的老年，卻為了取包藥耗費了一整天的珍貴時光。

「當他六十幾歲時，這樣奔波還無所謂，可是當他八十幾歲時，這條走出大山的路，真的是一場災難。」用災難形容，陳俊勳認為自己並無過度形容，甚至加強語氣把話說完，「這對子女來說更是一場災難。」

曾經他也因為就近照顧的考量，將老人家接到臺北同住，心想著臺北醫院幾乎都在捷運站旁，對比鄉下，交通根本不成問題；然而老人卻不這麼想，對他們而言，那些陌生的街道、街坊鄰居，才會讓他們深感平凡的人生距離自己太遙遠。

他們不習慣，又回到了山上，此時此刻，為人子女的陳俊勳放不下又病又老的父母，最後他只能選擇妥協，再一次的回到了這俗稱的後山來，這一回的旅途，沉重的不只是肩上的行李，還有雙腳的步伐。

遙遠的山路，缺少的醫護

「回來時當然有哀怨，埋怨上天對我不公平，我那麼認真，二十歲不到就在臺北買了房子……」陳俊勳沒讓沮喪的情緒停留太久，在筆者眼前的他，身著筆挺的西裝，坐在花蓮慈濟醫院的會議室裡，他試圖讓自己恢復平時的冷靜。他說回到後山來之後，他做了許多事，有些成功，有些失敗，但目標不變，都是希望能讓交通不變的村村落落，能得到與平地人們近乎平等的醫療資源與尊嚴。

也是在投入同時，他欣慰的看見，和他有相同心願，在為這片土地上的人們爭取醫療尊嚴的人也不少，無論中央、地方或是在地的醫療院所。

花蓮縣秀林鄉是全臺灣面積最大的鄉鎮市區，佔花蓮縣總面積約 35%，北上和平村，車程超過 1 小時，特別是沿中橫公路到天祥，路段蜿蜒，居民下鄉就醫大不易。

衛生福利部於一九九七年在花蓮縣秀林鄉試辦全國第一個「全民健康保險山地離島地區醫療給付效益提升計畫（以下簡稱 IDS 計畫）」，期待能落實世界衛生組織所倡議的健康平等理念，當試辦計畫成效達到目標之後，即將這個醫療服務體系的模型經驗推廣至全國偏鄉與醫療缺乏的地區。

東部地區總計就有十個鄉符合 IDS 計畫，包含花蓮的秀林鄉、萬榮鄉、卓溪鄉、豐濱鄉，以及臺東的海端鄉、延平鄉、達仁鄉、金峰鄉、綠島鄉、蘭嶼鄉，並由台東馬偕紀念醫院、台東基督教醫院、關山慈濟醫院、花蓮慈濟醫院、門諾醫院、花蓮醫院豐濱原住民分院等六間醫院分別承擔，各自派遣專科醫師與護理師走入交通不便捷的村落提供門診、領藥等一條龍的服務，讓輕症鄉民得以在山上就能就近獲得醫療服務。

白紙黑字的文字計畫就像捲著浪的大海，在現實生活中沖向責任醫院，成為血有肉有汗水的景象。

「負責 IDS 計畫的同仁，你在醫院幾乎是見不到他的。」花蓮慈濟醫院醫事室副主任張菁育談起部門裡負責 IDS 計畫的同仁，臉上的神情浮現不捨的網子密密覆蓋，「他天天都在山上跑，幾乎每一天都要開著車載著醫生跟護理師到各個衛生所、衛生室看診。」

花蓮慈濟醫院主責秀林鄉的 IDS 計畫支援，雖然書面上「只」需要負責一個鄉鎮，但在花蓮十三個行政區域裡面積卻也是最廣的。張菁育邊在電腦上放大秀林鄉地圖，嘴上的解說沒有

秀林鄉衛生所的和平衛生室，由花蓮慈濟醫院 IDS 團隊駐診，車內室看診的簡易設備及藥物、敷料。

停過，明明白白的點出了實際上幾乎超過負荷的繁重工作，「秀林鄉是一個幅員寬廣又相當狹長的地區，我們不可能只單純去衛生所就好，還要去各地的衛生室。」

手指頭在電腦螢幕上輕點幾下，張菁育若有所思的先將話題帶往另一個方向，她說，在許多醫療資源普遍豐滿之處，醫院、診所遍地開花，各地討論將衛生所轉型的聲音開始發酵，有的成功轉型為健康中心，有的則變成慢性病管理中心，說著說著，她的語氣與眼神同等黯淡，「但東區沒有一家衛生所會轉型，它永遠都是必須要有診所的功能的衛生所，否則你要當區民眾去哪裡看病？」

她捨不得開口的內心話是——在那些需要 IDS 計畫馳援的地區，診所少得可憐，醫院又遠得要命。

然而有了衛生所、衛生室，也不代表就能為當地醫療提供無所不缺的服務，在這些地區，每個衛生所頂多招募一至兩位醫師，牙醫、骨科等專科醫師更是少之又少，談起這些狀況，張菁育不由得嚴肅起神情，表示多年來她在這些衛生所還看見更大的困境，「這些醫師還要去跑居家，常常一個跑居家，一個守在衛生所看病，但總不能不讓他們休假吧？所以有時候衛生所也有鬧空城的時候。」

於是，此時此刻IDS計畫所提供的支援更顯其重要與必要，當衛生所沒有醫師時，就由專責指引醫院負責補齊診數，甚至額外開設各個專科，提供當地民眾更多不同專業醫療的服務。

「原本我們主要是開家醫科的診，但發現會跟衛生所的資源重疊，所以就重新評估，發現秀林需要小兒科、身心科、復健科以及眼科，因應C肝也有腸胃科的需求，肺結核問題也應該加開胸腔科，所以我們又加開了許多的診次。」指著門診表上那一列列不同科別，張菁育的臉上終於爬上了一抹難得的笑意，表示醫師們平日在醫院裡的工作量幾乎都已經滿載，但熱情支援IDS的醫師始終都在，「我們家的醫師都蠻熱情的，很多醫師是自己跳出來要認養，還有醫師說他無論如何一定要去！一做就是好幾年。」

醫師們的熱情之所以能讓張菁育如此感動，深探根本原因，來自於IDS計畫最大的困境，就是醫療人力的不足。

花蓮慈濟醫院 IDS 團隊陳志強醫師到秀林鄉的小學落實衛教宣導。

「東區這六家醫院其實都做得很辛苦，醫院本身在招募醫師上就因為地域條件而產生許多困難，要做 IDS 計畫時，常常不是醫師不夠，不然就是護理師難以支援，導致醫院能在偏鄉開的診次就不夠多。」沃土處處有，種子卻難尋，當開診的量不夠多，那麼要達到 IDS 計畫原本設想的美意，距離就遠得猶如近在眼前，卻觸手不及的鄰山。張菁育無奈的說，想開診也開不了，是現今許多承接 IDS 計畫的醫院最大也最難突破的困境，因此自家醫師們的情義相挺，令他們感到相當欣慰。

全新醫療巡迴車，護安心前行

為了讓醫護與行政同仁們能「安心」上山，醫事室今年還特地對外募款，希望能替這群有心人募到一輛安全、設備完善的交通車。

想起幾年前那場事故，張菁育至今回想起來仍不禁微微發抖，那是在大雨過後的某一天，大家一如往常開著那輛老舊的麵包車往山上去，沒人能想得到，鬆動的大石會這麼迎面砸來！

幸運的是，車體雖然受了傷，但車內的人只是飽受驚嚇，並無大礙。

但這件事卻讓所有在院內的同仁心狠狠一揪。看著那輛已經被替換多次才被分配作為上山的交通車，早已不只是二手車，倘若落石的力道再強勁一些，陽春老廂型車是否還能護住車內所有人的安全？答案就如同一部驚悚小說的高潮處，他們連翻都不敢翻開。

「我當時聽到出事時，眼淚都快流下來了，一直想著，我對不起他們。」這份沉重的心情，張菁育將之綁在心上兩年，沉重的力量不時的在拉扯，牽動每一根神經，督促著她必須為這群人找到一輛更安全可靠的新車。因此當遇到每一個可能捐款的善心人，她就會遞出那份早已擬好的計畫，等待有緣人願意捐出足夠的款項讓他們買一台新車。

終於在兩年後的今日，這個心願達成了。

這輛新穎晶亮的車雖然外表其貌不揚，但內部功能卻相當齊全，不僅可以拉出遮雨棚，方便有時找不到室內看診的醫護們能有個足以遮風、避雨以及阻擋豔陽的地方可以屈身；此外，

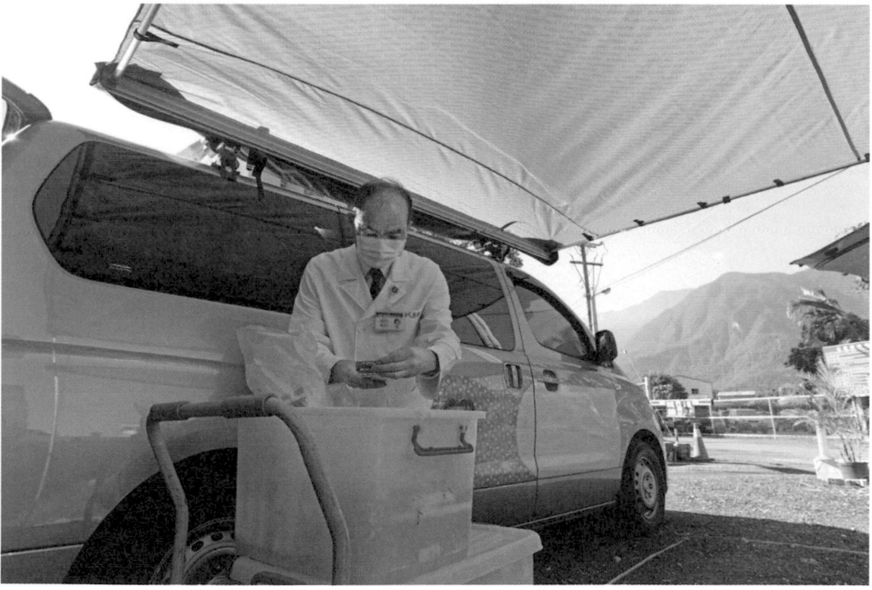

新的 IDS 巡迴醫療車有著大馬力的驅動，可以載著團隊跋山涉水；加大的空間也可以一次帶上藥品、衛教單張……等等的各項巡迴醫療必需物品，車頂還有可以延伸的側邊帳，搭配攜帶式的桌椅，就成了部落裡的醫療站。

後車廂甚至還針對藥箱的大小，客製了幾個鐵架，讓藥箱放進去之後，不會隨著山路不平整而晃動碰撞。

新車的到來，讓上山的路變得更安全，看似眼前一片晴朗，但張菁育卻不敢太過樂觀，她直言 IDS 計畫這條路已經走過十幾年，難題始終沒有放棄要爬上他們的身，目標永遠在前方，他們只能不斷的往前跑，像拉著一條紅蘿蔔的釣竿，不斷領著他們這群小白兔往前跳去。

眾人只能期待，哪一天當他們抵達終點時，能有一片青青草地在等著他們共赴饗宴。

第二章 ▼ 我所選擇的責無旁貸

★致敬——第一屆個人醫療奉獻獎得主羅藝霞（Eloisa Nadres）醫師（台東聖母醫院）

她不知道自己還能學習到什麼時候，只盼望在自己的腦袋還能吸收進艱澀的醫學知識時，趕緊提升自己的醫療能量，因為病人們正在等著她。

羅藝霞永遠都無法忘記她來到臺灣臺東的那一年，那是一九七五年，從故鄉菲律賓抵達之後，她從沒預想自己該在什麼時候離開，眼見臺灣都會區醫療已經走上正軌，她所看見的臺東卻像是被一張憤怒的黑網給牢牢蓋住，需要醫治的病人不比都會區少，然而看見這裡需求的人卻不多。

如果這裡的病患需要她，她會毫不猶豫的留下來。她無數次在內心這麼告訴自己。

於是在醫師短缺的情況之下，羅藝霞不僅得承擔起內科、小兒科以及家醫科的治療工作，發現到臺東放射醫學的匱乏、公共教育急需普及，行政醫學人才也相當稀有，然而卻遲遲招募不到相關人力，索性將這些任務通通攬在自己身上，利用短暫的休息時間，拼拼湊湊的完成這三項科別的學習。

如此沉重的工作量，理應讓羅藝霞身心俱疲，然而她似乎有用不完的精力，在門診之餘，她也敲響患者家門，開啟居家護理的工作，同時也肩扛著修女的職責，提供貧困的家庭日常用品與保暖的衣物。

身兼多職的她從不言苦，反而感謝主為她所做的安排，認為身兼醫師與修女兩個角色，可以讓她比一般醫師或一般修女更容易看見病人以及她的家庭的需要，「我們應該把病人當作人來看待，而不是將他們當作工作來看待，在治療身體疾病的同時，也要幫忙解決背後的問題，如此一來才能真正將病人治癒。」

沒有本位主義，眼裡只有病人的需求，像羅藝霞這樣的醫師，筆者的眼前就有一位，他是花蓮慈濟醫院家醫科主治醫師邱雲柯。

投入 IDS 巡迴醫療十多年，早已難以細數確切的年份，只能模糊地說出十幾年的數字。但問起他為何會對 IDS 如此熱衷，他的答案倒是清晰分明，「我主要的興趣就是社區醫學、偏遠地區醫療，覺得能開著車在外面跑巡迴醫療，還不錯。」

花蓮的天空很藍，山很翠綠，風時而輕柔時而狂野，但這些地理風景不完全是吸引邱雲柯想往醫院外跑的主要因素，他不是一個關不住的孩子，只是聽見了西風所幫忙帶來的細語，全是那些就醫不便的社區所發出的無聲求援。

他並不認為，一名醫者走入急需醫療的社區服務，就可以將自己膨脹成一名救世主，他的心就像羅藝霞，感謝環境能給他發揮的空間，「給我這個機會去服務他們，其實對我來說就是一種肯定。」

語畢，他將頭微微一側，牽動起嘴角，一抹微笑在他臉上散開來，不疾不徐的補上了句：「而且家醫科的醫師走進社區或是巡迴醫療，這是再自然不過的事情吧？畢竟會選家醫科的人，某種程度來說，對這一塊都會感興趣的。」

拋開成見，用心對待

對於 IDS 計畫中所服務的地方，邱雲柯不太喜歡以偏鄉形容，就怕落入偏見，訪談過程中，談起這些地區，他用的字詞都是社區。

秀林鄉和中社區活動中心，方便居民看診。

「畢竟環境代表的只是社會型態與生活條件的不同而已。」邱雲柯在用詞上的謹慎，同樣也反映在他的作為上，每進到一個社區，他會細細觀察當地生活的方式、飲食的態度，在治療上，盡可能與患者的生活習性相互配合。

「我們不能用自己既定認知的觀念去看待每一個不同社區的人所生活的方式，那就很容易形成一種上對下的關係。」邱雲柯在言語間，極度避免去界定所謂尊與卑、富與貧，反而選擇以更開闊的視野去看待每個人的特性，「我們常認為，某些作法就是比較衛生、比較健康，反之就是不衛生、不健康，並且自認為自己是在帶入更好的生活方式給社區，但對當地居民而言，真的就是好的嗎？」

抛開成見，才能用心對待當地，替當地找出最適合他們、他們也最樂於接受的醫療與衛教方式，那麼 IDS 計畫也才能發揮良效。

十幾年來，他在內心提醒著自己的這些話語，一次又一

在中橫公路上，崩塌的山景，令人觸目驚心。

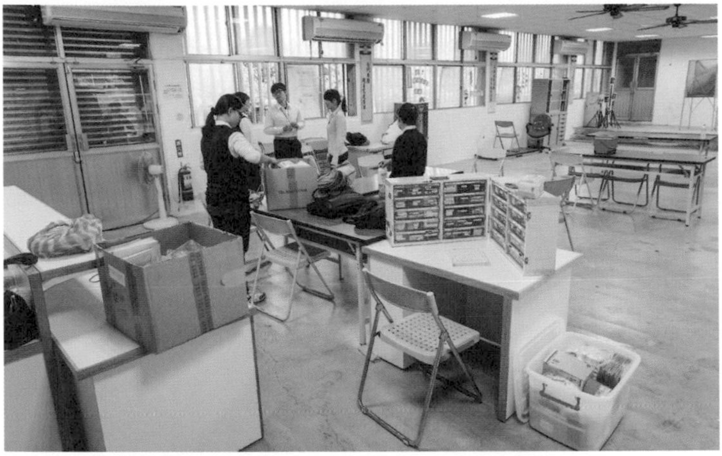

活動中心通常有比較大的空間，可以分區設報到區、看診區、行動小藥櫃。

邱雲柯醫師（左一）很仔細的問診，深探部落病人的問題。

次，像極了被翻過一次又一次的書頁，因為手指心的濕度而有了點重量，幾句話擱在心上，他用了十幾年的時間去實踐。

打開患有多重疾病的老人家用藥的抽屜，不難發現裡頭累積著經年累月忘記服藥所存留的眾多藥物，邱雲柯發現後，選擇以不苛責的方式靜靜觀察，漸漸的，他找出了老人家不願服藥的主要因素。

「他們要吃的藥太多了，無論是在服藥的次數或是時間上都不相同，老人家當然就會忘記吃。」理解之後，他開始思索解套方式，自問：「如果他們無法配合，那麼開給他們這些藥不僅無法達到療效，甚至也是浪費醫療資源，那麼我們該怎麼做？」

於是他開始有了「你

願意怎麼照顧你自己，我就配合你的生活方式去照顧你」的醫療模式。

邱雲柯舉例說明，針對各種疾病，在藥物的開立上，其實並非只有一種處方可供選擇，「譬如最好的治療方式是一天要吃三次藥、密集抽血追蹤檢查，但如果對方覺得麻煩，我們可能換另一種藥方，藥效也可能會比第一種略差，但服藥次數比較少，但如果這樣的話能讓他按時服藥，那麼這反而就是適合他的藥。」

團隊合作，願服務更為周全

IDS計畫對某些人而言，或許是麻煩的燙手山芋，邱雲柯卻將之視為寒冬裡的暖爐；當計劃逐漸成形時，他不僅主動爭取，十多年來還緊抱著不放。有人說他這是犧牲奉獻，有人也說他這是大愛情懷，但對於這些讚美，他總是不以為然地搖搖頭，談起巡迴醫療，要論功勞，邱雲柯會將功勞推給團隊。

總說「這是團隊的努力」、「這是團隊的想法」，原以為他謙虛，但說著、聊著，逐漸也明白了倘若沒有團隊的共同努力，單靠一個人也成就不了如此龐雜的計畫。要做的事情不僅是看病給藥而已，諸多從「全人」出發的貼心小細節，需要的是所有相關單位的支持才能得以成就，例如幫居民代為領取處方箋。

社區居民需要長期服藥的人不在少數，醫院開的處方箋只能在醫院或是藥局領取，但IDS計畫團隊愈是瞭解當地，愈是明白要在這些需要巡迴醫療支持著醫療所需的地方，不僅找醫生困難，要找到一間藥局更是難上加難。

發現問題，就著手解決問題，即使這並非是計畫中明文規定的服務，但病人到市區一趟不容易，若只是領藥，很多人乾脆選擇就不去了，藥物中斷、疾病難癒，還可能因為長期未服藥引發各種難以治療的疑難雜症。

於是IDS團隊開始在想，既然他們常得往返醫院與社區，那麼代為領藥再帶上山給患者，或許可行。

「但也是有受限的地方。」邱雲柯無奈的表示，能代為處理的只有由花蓮慈濟醫院所開出的處方箋，倘若是其他醫院的處方箋，還是得讓民眾到附近藥局或回到原醫院領取。

收起無奈的心情，邱雲柯將身子坐正，也將無可奈何的情緒稍做調整，他露出笑容，說著團隊的服務還尚未到此結束，想著每次處方箋上限只能領取三個月的藥，三個月後就必須得再回診，醫師才能再接著繼續開處方箋，因此他們試圖說服那些病況穩定、但原本不是由他們看診的慢性病患者：「不如就改由我們替你們看診，由我們開立處方箋，往後你們就不用再去醫院了。」

服務周全的巡迴醫療，起心動念只是為了讓在地居民也能享有避免往返奔波的舒心看診服務，雖然醫療車上能帶的藥有限，不若醫院藥局高達四五百種的藥物選擇，頂多能帶上一百種藥就已經算是豐沛了，但邱雲柯認為，這無損服務的品質，「以血壓藥來說，醫院可能有四五種選擇，而我們車上只能放一兩種，但那一兩種也是經過深思熟慮挑選出來的，是比較常用、效果也很好的藥。」

他也直白的說，車上帶太多藥品反而不好，畢竟藥物有有效期限以及保存規範，倘若帶太多藥出門，用量卻少，最後反而面臨過期丟棄的窘境，更是浪費。

「而且代領處方箋的好處是，民眾每次拿到的藥，可都是從醫院藥局當天早上包好，非常新鮮的藥喔！」邱雲柯臉上這抹真誠的笑容，是為了那些社區的老朋友而笑。

細膩問診，找出急症端倪

談起藥物，邱雲柯也不得不說起巡迴醫療裡的小小遺憾，「如果要服務的更周全，理應要有一名藥師專責配藥，但很可惜的是，在醫院也面臨人力緊缺的狀況之下，很多巡迴醫療團隊是不會有藥師跟著的。」

中央單位考量執行上的困難，因此特許巡迴醫療團隊在配藥上無須藥師參與，只要有醫師在場，就可以在現場給藥。於是大部分配藥給藥的工作，就得交由助理執行。

巡迴醫療的人力往往只有三名——助理、醫師與護理師，而在現場的工作，還得從場布開始、搬桌椅、布置電腦與網路連線，然後再進行掛號，最後才進入到看診、配藥與領藥，結束之後，三人還得將所有前置作業重複動作。

「掐頭去尾的，其實巡迴醫療一個診，頂多也才兩個小時多一點的看診時間而已。」雖然社區每次來的病人並不多，但邱雲柯算了一算，一個小時服務七個病人，是最理想的狀態。

一個小時服務的病人數，在醫院可

在偏遠部落看診，通常就由醫師、護理師兩人通力合作，幫助當地生病的居民。

以服務的人次肯定是七的倍數成長，但在社區，除了凡事得自己來之外，現場醫師沒有先進儀器的支援，只能仔仔細細的從問話中嗅出端倪，邱雲柯舉例說明：「例如有的病患，我懷疑他可能有早期肺部感染的問題，在醫院我可以請他去照X光、抽個血看感染指數有沒有增加，但是在現場這些資源我一個也沒有。」

巡迴醫療的醫師必須得更用心也更細心，每一個問題、每一個答案的背後，都可能影響判斷，只要稍一不慎，就可能錯過危機處理的黃金救命期，因此經驗的累積對於跑巡迴醫療的醫師而言，無疑也是支撐這分重責的救命竿。

「如果狀況還不到急性，那麼我會先預開抗生素，但如果病人分明就很喘了，他吃這些藥可能半天至一天內就會急速惡化，那麼我們還是會請他回醫院一趟。」邱雲柯明白的表示，巡迴醫療不能取代醫院的功能，對於輕症或慢性病患者，送醫療上山還能幫上忙，但急性與重症，最終仍得回歸醫院。

IDS計畫主要目的是為了送醫療上山下海，期許這些與醫院距離遙遠、交通不便的地區民眾仍然得以享有醫療資源的就近支持，而這分支持還得有這群用熱血撐起肩膀的團隊，秉著細膩的精神，用看、用聽、用聞、用理解取代先進的科技儀器，撐起聞聲救苦的大傘。

第三章 ▼ 與社區作朋友

★致敬——第五屆個人醫療奉獻獎得主富瑞生（Alvin T. Friesen）醫師（門諾醫院）

他其實並不知道臺灣在哪裡，但在完成醫學院訓練時，基督教門諾會發出訊息，期待醫者們能到臺灣的花蓮，幫幫山地裡那些急需醫療卻苦無醫療資源的人們。

一個簡短的訊息成為他無奉獻的開端。來到臺灣之後，富瑞生用了一點時間學中文，但卻沒花太多時間熟悉環境，因為他到臺灣支援的並不是醫院裡的工作，而是得往山村部落裡彎彎繞繞的巡迴醫療。

在無數次入山之後，他很快就明白當初基督教門諾會何以如此緊急徵召，因為這裡確實有其需求。

即使爾後門諾醫院建院完成，富瑞生仍不甘只是坐在診間替病人看病，在堅厚的醫院建築裡，他不必忍受苦辣的太陽，也無須因為一場臨時的山區大雨而躲避不及，但他卻時常以充滿懷念的語氣告訴同事：「到山地服務才是我最想做的事。」

巡迴醫療的條件並不好，無論是人力或是資源一切克難，但病人卻一個接一個不斷找來，往往一個診次就得擔起上百人的看診重責，這份同事眼中的苦差事，富瑞生做來卻甘之如飴。

參與山地巡迴醫療多年，種種苦疾讓他體悟到，這些位處偏遠地區的人們與醫院之間隔著巒山、大海，距離讓他們只能任由疾病襲來時，交付命運安排生死。因此每當巡迴醫療度再度上山，他總是一馬當先報名，不願錯過任何一次可以服務的機會。

他不僅看見社區的需求，在捐血風尚未普及的那個年代，只要病人需要輸血，他便義無反顧脫下白袍、挽起袖子捐血；見病人因為家貧付不起醫藥費而不敢去批價領藥時，他也自掏腰包資助，最後索性將銀行帳號直接交給批價部門，交代著只要持有他簽名的單子，無須再詢問過他，一律從帳戶裡直接扣款。

醫療奉獻獎如此形容富瑞生醫師：「對許多病人來說，他就是上帝、銀行和血庫。」

富瑞生在數十年前在山地巡迴醫療中所看見的困境，於二〇二一年的今日，其實也沒能提升太多；然而願意送醫療上山的醫護團隊，比起當年卻充裕不少。

東部地區的天氣變化多端，晴朗的日子似乎很多，偶爾也會有起風的時候，而上天降下甘霖的日子也不少，倘若廣闊的海洋形成低氣壓，當颱風襲來時，花蓮與臺東也經常成為首當其衝的地域，但也只能勇敢抗戰。

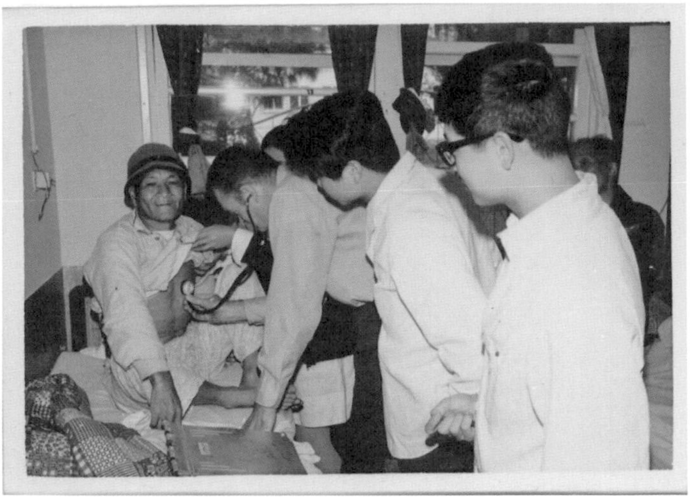

居家往診。

氣候是人們無能改變的自然現象，要與之抗衡，只能從衣物上做些增增減減的改變，如此而已。對於巡迴醫療團隊而言，無論是什麼樣的天氣，他們仍得依約上山，遵守與社區村民的承諾，是團隊給予當地最豐厚的溫柔。

除了週間白天的診次，每當週末假日的時候，來到山上的遊客多，擔心有臨時的意外需求，醫護們還得上山加開夜診，留宿當地過夜。

談起巡迴醫療的種種，十幾年來的回憶太多，邱雲柯幾乎很難在第一時間抓出某一段令他為之深刻的記憶。他笑著說，對許多在醫院的醫師而言，巡迴醫療有太多有別於診間的看診狀況，但對他們來說，卻都是日常。

例如，當找不到適合看診之處時，居民住家客廳就會被當作臨時診間；又例如，和居民間已經培養了十多年的好默契，看診的人大多都是「常客」，為了避免在現場等候太久，來看診的患者還會有習慣看診的時間，有人十一點來，有人十一點半報到，沒有筆記沒有列排，但默契就在他們各自的心中。

不少時候礙於現場的狀況，巡迴醫療的看診現場可能會是開放的空間，看診的人與等候的人同處在同一個空間之下，隱私難以顧及，起初團隊們難免有所擔憂，但他們漸漸發現，原本以為的隱私難防，竟能成為想像不到的助力。

「有時候看病的人跟等候的人會互相告狀，說對方都沒按時吃藥、作息不規律。」邱雲柯的笑容裡，飽滿著對這群患者的寵溺，「他們會互相知道彼此的病情以及用藥的方式，平常就會互相提醒，甚至有老人家聽不懂醫囑時，旁邊的人就會跟著聽，然後再回去告訴他的家人。」

隱私確實難以周全，但卻反之成為互助合作的動力。在巡迴醫療裡，有太多打破醫院常規的事情發生，形成特殊的社區照顧方式。

爭取計畫預算，解決學童頭蝨問題

談起 IDS 計畫，邱雲柯直言，巡迴醫療只是一個介入，提供某些疾病的照顧便利性，但若要談起完整的醫療，比起醫院擁有充足的醫療人力與設備，巡迴醫療能做的貢獻相當有限。

然而唯有走入濃霧中，才能看見得霧靄裡的風景，他們也在社區中，發現了自己能夠幫得上忙解決的問題。例如，頭蝨。

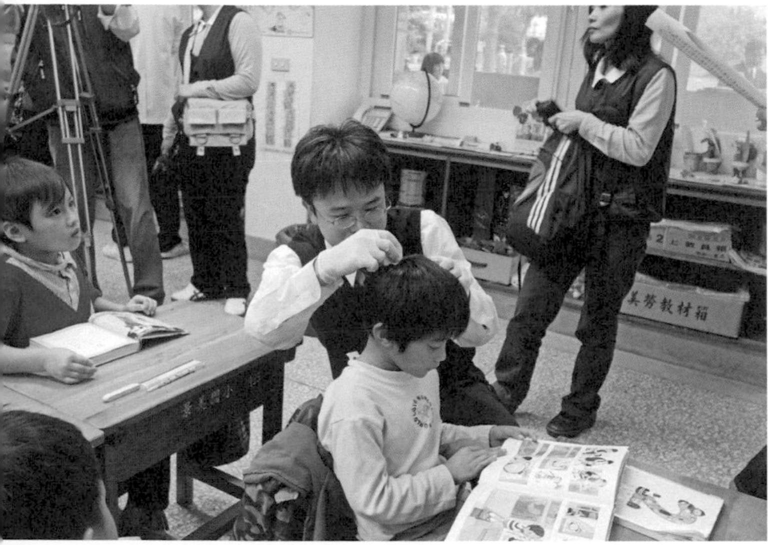

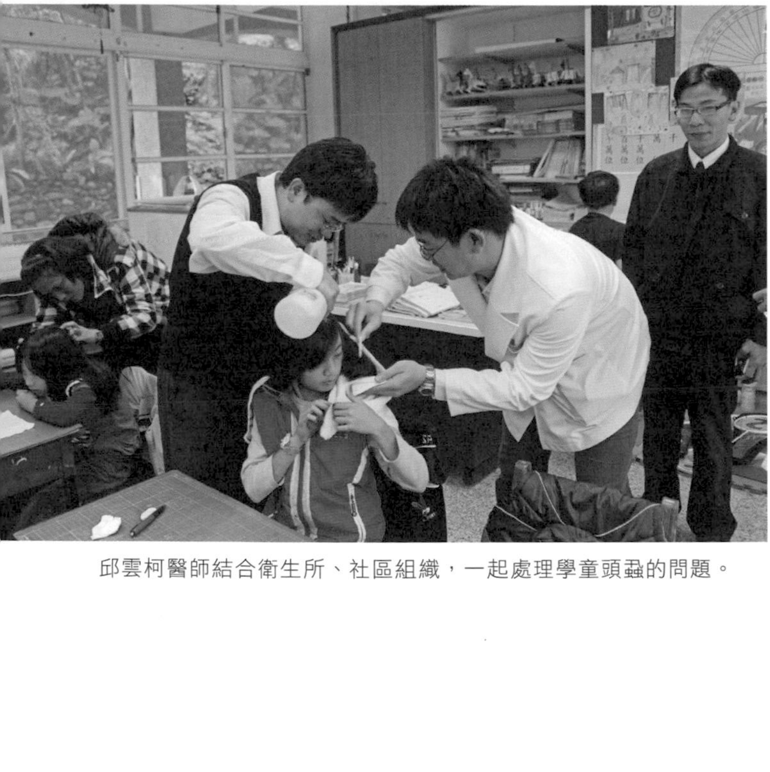

邱雲柯醫師結合衛生所、社區組織，一起處理學童頭蝨的問題。

「邱醫師，能不能來跟你拿點頭蝨藥？」一回在診療現場，見過幾次面、稱得上熟悉的校護來到醫護團隊的身邊，希望當天負責看診的邱雲柯能開點頭蝨藥給他，讓他能帶回學校協助學生使用。

這一個要求並非突如其來，其實這陣子以來，陸續都有家長過來向他要詢問頭蝨藥的提供。

醫療團隊大可以直接開藥，在巡迴醫療現場，他們深知有許多疾病的治療並非只是單點給藥就能解決，尤其頭蝨的引起與傳染途徑更是得從全社區著手，必須仰賴點、線、面周到的處理，才能找尋得以完全根治的解方。

「小朋友有頭蝨這件事情，不是給他一包藥就可以解決的，背後還連動著整個社區，相當複雜。」邱雲柯進一步解釋，包含照顧人力、資源取得、衛生觀念等，錯綜複雜的牽牽扯扯，倘若沒有進行全面性的協助，恐難在第一時間就將頭蝨根源截斷，甚至還可能逐漸蔓延擴散。

「這算是巡迴醫療的擴充了吧！」回憶與在地師生、校護以及家長討論該如何著手醫治時，幾乎沒有任何的阻礙與質疑，邱雲柯感謝巡迴醫療的支持，讓當地與團隊在長年來的互動中建立起一道看不見卻又緊密連結的信任感。

「我們了不起一個月來一次，能發揮什麼作用？」邱雲柯謙虛的表示，醫療團隊之於社區的角色，反之更像是一個提供意見與資源的角色，因此在地校護與家長的支持更是至關重要。

由於頭蝨藥並未納入健保給付名單，屬自費品項，為了能減輕當地負擔，醫療團隊於是開始著手寫計畫，期待能申請相關計畫經費因應支援，雖然經費金額不高，才兩萬多元，但對於減輕當地負擔，也不無小補。

然而即使有錢可以運用，他們卻發現，原本在藥房就可以買得到的頭蝨藥，那一兩年始終被掛上缺貨的牌子，無論大小藥局，任他們尋尋覓覓就是買不到。而後追溯原因才發現，原來是因為國內需求量少，因此藥局與中央衛生單位的備貨與存量原本就不多，加上主要生產的廠商又因為產線進行大規模的汰換更新，不得不暫停生產，因此才導致如此斷貨情況的發生。

然而需求就在眼前，儘管頭蝨不足危害到生命，但卻是一種會無限蔓延的傳染疾病，醫療團隊不能等，他們也不想等。

因此他們決定向國外採購藥品。光是買到藥還不夠，由於頭蝨有傳染性，同住者與密切接觸的人都可能相互傳染，因此還必須搭配頭蝨梳進行篩檢，以達到全面篩檢、全面治療的功效。雖然頭蝨梳沒有斷貨的問題，但由於流通範圍並不廣泛，一般民眾要購買可能找不到管道，因此團隊也統一購買頭蝨梳發放使用。

長年做計畫的經驗，讓醫療團隊深知，團隊的參與只是助力，唯有社區的主動投入才能讓計畫達到良好的成效。

「幸運的是，社區的投入度很高。」這段故事已經是幾年前的事情了，但邱雲柯如今回憶，仍覺得歷歷在目。他笑言，不僅家長與孩子們願意配合，校護也會在固定時間請全校同學拿出頭蝨梳梳頭，另一方面，團隊也特地為學校裝置洗頭設備與熱水器，讓檢查出頭蝨的孩子，在學校就能接受藥洗的醫治。

之所以能周到著想，邱雲柯表示也是因為投入社區多年，瞭解到原來在山區，仍有不少純樸的人家仰賴柴火燒水，「倘若拿藥給他們回家洗，可能因為要燒柴太麻煩、沒有熱水，因此他們就不想用藥了，無論如何，在學校檢查並同時接受治療，能發揮的成效是最好的。」

醫病情深，與老友相會

走入社區，醫療團隊在現場多得是要比在醫院更多的親力親為，除了看診之外，對於藥物的使用，也得仔細教導民眾正確的服藥與用藥方式。

「像是胰島素的使用好了，醫院有專門的衛教師會教病人使用，但是在巡迴醫療時，我們就得花上三十分鐘的時間跟病人仔細說清楚。」邱雲柯表示，胰島素的使用並不困難，許多年輕一些的患者，只要三分鐘就能學會，但對年紀較長的老人家而言，要理解並不輕鬆，「有時候要反覆教個很多次，如果我們不放心，就會請他找家人一起來，或者是知道他的鄰居有誰會用，也會特別交代鄰居幫忙。」

人力太少，要做的事情太多，難處在於醫療團隊人員常常忙得不可開交，但苦中偶能得樂，雖然花在病人的時間變長，卻也因此很快就能與患者建立起良好的醫病關係。

一次，邱雲柯因為身體不舒服，臨時在出發前請託其他醫師代為出診，來看診的居民們看見邱雲柯沒來，不禁擔心的拉著現場的護理師與助理問：「邱醫師呢？他今天怎麼沒來？」聽到他身體不舒服，大夥兒更緊張了，直問著：「邱醫師還好嗎？」「有沒有很嚴重？」

雖然護理師與助理們給了安心的回答，但緊皺的眉頭卻始終沒有被撫平，直到下一個月再見到邱雲柯，居民們才安了大半的心。

在訪談結束之際，再問邱雲柯開場就問過他的問題，「為什麼對於巡迴醫療會有這麼多的熱情呢？」

一開始，邱雲柯給的答案是家醫科的醫師對於社區醫療多少都有些感興趣，但這一次再問起相同的問題，他給的答案有更多的溫度。

「一次又一次逐漸累積的熟悉感，會讓我覺得整個看診的過程會比較順利，雖然說去那裡是去工作，但心情上卻相對比較輕鬆。」爬滿了整張臉的笑容，讓邱雲柯看起來更溫柔了，「每次去，都覺得其實是去看看老朋友。」

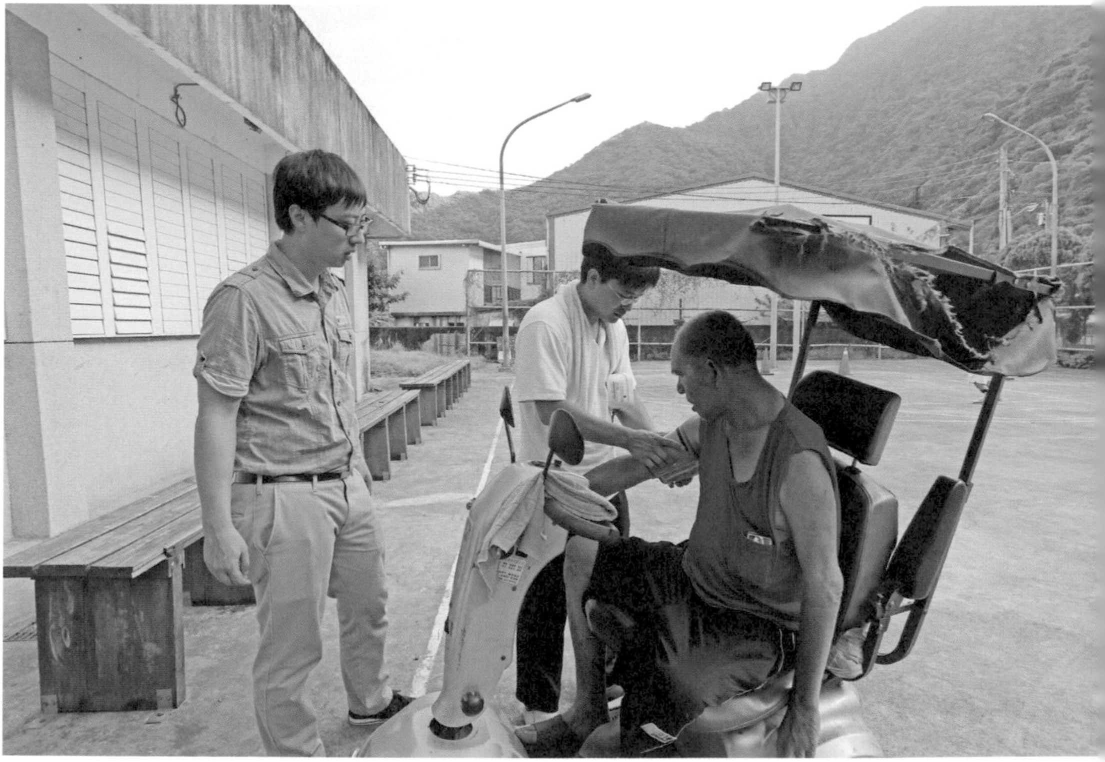

邱雲柯指出，做 IDS 的醫師都一樣，病人在哪裡，哪裡就是診間。

第四章 ▼ 把病人找出來

★致敬——第四屆醫療奉獻獎得主個人獎得主李偉之技術員（臺東慢性病防治所）

在那可以天馬行空的方格子上，李偉之一筆一畫的寫下了自己的志願，幻想著未來能成為一名屯墾員。

隨著下巴的鬍鬚變得粗硬，成人之後的他為年輕時所描繪的夢想填上豐富的色彩，只是這個屯墾不是既定的綠，而是另一個不同領域的圖騰——擔任臺東縣慢性病防治所X光技術員的他，日日提著十八公斤重的手提X光機，挨家挨戶的追蹤罹患結核病的患者，只希望能為盛行地區屯墾出另一番象徵著健康的風景。

由於具有傳染力，結核病多年來常被視為是不潔的疾病，因此即使發了病，許多人也不願進一步追蹤確定，就怕被醫師宣布了罹患結核病，一生就毀了大半。不願就醫配合的病人大有人在，面對如此窘境，李偉之不願屈就的苦等在慢性病防治所裡等病人主動就診，他心想：「既然病人不來找我，那我就主動去找他！」

但在進入到社區之後，他發現現實遠比自己想的更困難，他是進來了，機器也帶來了，但是病人若不願意接受拍攝也沒有用，很多時候病人聽聞他來了，還會刻意的躲起來。

為了鼓勵患者與高風險族群主動出來照X光，李偉之想到了一個方法——一般照X片的規費高達兩百五十元，他著手計算照一張片子的成本，倘若扣掉儀器購置、人員操作的技術費，照一張片子的成本不過才五十元，於是他說服主管，只向民眾收五十元就好。

他的貼心設想獲得主管的大力支持，也讓臺東成為首開全國「五十元照大片」的先例地區。

當李偉之提著中達十八公斤的手提X光機進到社區之前，有的結核病患者索性鎖上大門，有的則跑進田裡「避難」，這幅逃避檢驗的景象，在二〇二一年的今日仍然得見。

將一生投入在結核病防治的前花蓮慈濟醫院結核病實驗室主任李仁智分析，花東地區結核病患者人數字在早年，往往不是第一就是第二，為了有效督促結核病患者按時服藥，全國性都治計劃在二〇〇六年開辦，衛生署明訂相關規則，若該醫院有超過一百名結核病患者，即必須成立個案管理室，除了有醫院個管師牢記患者回診時間，提醒回診、領藥，各地衛生所也加派關懷員，每日將藥送到患者的家中，並且得看著他們將藥服下才會離開。

李仁智笑言，這個送藥到手的貼心舉動，讓花東地區的結核病完治率獲得一定程度的提升，

「然而另一方面，卻也嚇壞了部分的患者，心想著不過是生了場病，卻搞得像是犯人一樣，每天都得接受監督察看。」

自由像是一顆被撥開的橘子，甜蜜的果汁正沿著指縫緩緩的流失。與其如此，他們寧願拒絕檢查，捍衛自由，因此療程尚未結束卻「逃跑」病人也不是沒有。

除了結核病治療之外，對於各式篩檢的唯恐不及，花蓮慈濟醫院醫事室副主任張菁育光是自己看到的、聽說的，也有不少故事。

隨意從電腦中翻出一個數據，那是癌症篩檢率，就著螢幕上的數字，張菁育又多添了幾個字，將一句有頭、有尾、有內容的完整句子說出：「有高達百分之四十四的人沒有定期在規定的時間內進行癌症篩檢；全臺癌症的死亡率排名上，花蓮排名第三，臺東則是第一。」

問她，為什麼會有人對於各項篩檢檢查如此抗拒？

長年接觸 IDS 計畫、深入偏鄉社區，張菁育腦中能夠清晰繪製的不只是眼前的山稜線，還有在地居民的心理曲線。

「如果以個性論來看，偏鄉居民對於疾病大多樂觀看待，時常懷有著『如果不知道，那麼就沒事了』的天真想法，因此與其定期檢查，不如如常生活，那麼日子也無須在心驚膽戰中度

甫自花蓮慈濟醫院退休的李仁智醫師（右一），帶領團隊致力於東臺灣結核病防治三十年，並承擔疾病管制署東區指揮官十七年。

李仁智醫師於 2015 年間獲醫療奉獻獎。

過。」從張菁育表達的口氣中，找不到一絲的譴責，若真要抽絲剝繭出情緒，反而是遺憾更多。

「他們害怕，怕自己確診、怕看醫生，最怕的是連累家人。」張菁育表示，由於留在偏鄉山區居住的，大多都是兒女長年在外地工作的年邁老人家。

去一趟醫院，千里迢迢，倘若又被宣判必須住院開刀，那麼該讓兒女為了自己拋下工作請假回來嗎？如果不勞煩子女，又有誰能陪伴照顧？如此思前顧後的糾結，讓現實的無奈就像一捆錯綜糾纏的麻線，打了一個個難以解開的死結，最後他們只得被迫放棄將之解開，不去醫院、不檢查、不知情，或許才是最好的選擇。

「正因為種種的原因，很多人熬不住到醫院時，發現病情都已經是末期了。」幾乎是沒有意識的，張菁育用大拇指緩緩的來回撫著手上的原子筆，彷彿也正在安撫她內心油然而生的不捨之情。

提供誘因，主動出擊

病人不來醫院做篩檢，花蓮慈濟醫院的醫護團隊也曾想過效法李偉之醫師，不如就直接把篩檢車開進社區裡！

「但他們不想出來做篩檢，我們也不能去家裡把他們強拉出來。」張菁育苦笑著說，即使距離李偉之醫師的年代已經數十年過去了，醫護團隊所面臨到的處境，同樣是被眾多的拒絕與不樂意澆得滿身冷水。

以X光的篩檢為例，每年花蓮慈濟醫院會為IDS計畫的責任地區秀林鄉舉辦共計十二場的X光篩檢，直接將X光篩檢車開進社區裡，但往往願意來篩檢的民眾都比工作人員的人數還要少。

「我們該怎麼做，才可以提升居民願意出來做篩檢的意願？」苦無方法之下，張菁育於是詢問住在秀林鄉的同事，心想著，住在當地的他，或許能更瞭解當地人的想法。

從心理層次下手，已經是最後一步了。

「送點小禮物如何？」同事很快就給了她可行的建議，甚至連該送什麼樣的小禮物，都貼心周到的提供意見，「千萬別送看起來很漂亮卻不實用的擺飾品，如果可以，選擇一些日常的消耗品，像是食用油、白米或是衛生紙。」

方法有了，團隊仍舊覺得不安，思來想去，檢討過往進村篩檢的模式，篩檢車大多為求便

X光行動醫療車開到花蓮中區鄉鎮鳳林。

放射師幫社區民眾調整照胸部X光的位置。

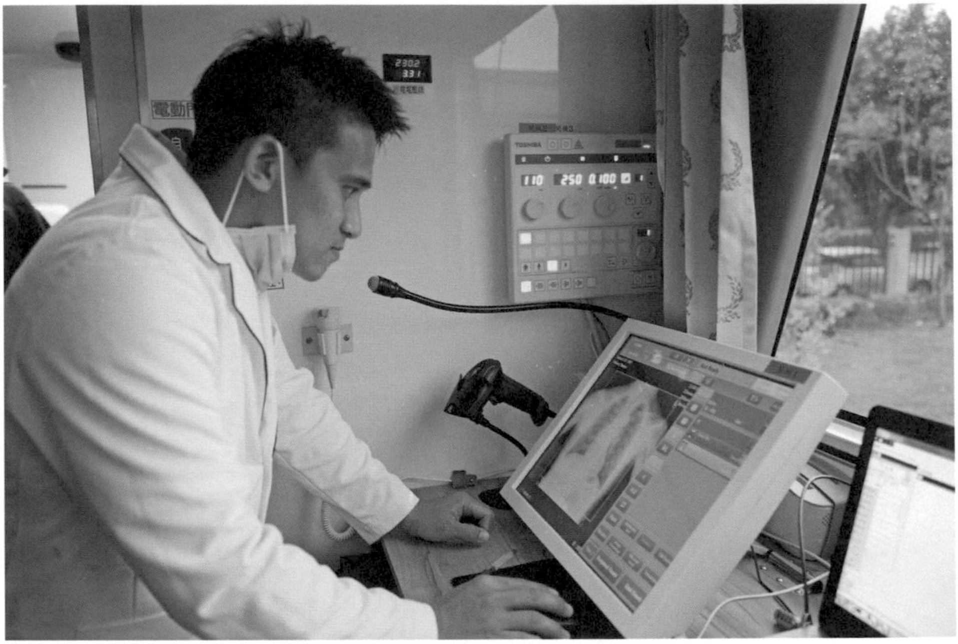

在醫療車的另一端即可看到 X 光圖。

利，因此都會停靠在衛生所，張菁育表示：「但無病無痛的人平常是不會去衛生所的，我們評估，在衛生所人潮聚集將會相當有限。」

巡迴醫療團隊於是展開調查，用心尋覓村民時常聚集之處，最後發現村里長辦公室、部落中心或是雜貨店附近進出的人最多，找出絕佳地點之後，他們又花了點時間，統整出哪個時段才是人潮最密集的時候。

田野調查的結果就像是春天的一場雨，讓冬眠的枯枝陸續長出茂密的綠芽，在方法拼湊完整並實際進行之後，他們欣喜的發現，果真來篩檢的人比起以往多出不少！但要說成功，卻不敢如此妄言。

「癌症不會只挑年紀較大的人下

手。」花蓮慈濟醫院副院長、同時也是耳鼻喉科主任的陳培榕直白的說，平日篩檢車到村莊裡時能服務到的人大多是老人家，「如果篩檢要普及，不如直接到這些中壯年人口的工作的地點去。」

他進一步解釋，口腔癌好發的年紀在五十五歲左右，三四十歲發病的人也是不少。細數這十幾年來，陳培榕自己就曾參與過幾場大型的企業篩檢活動，如計程車駕駛工會、建築工會以及貨運公司等。

溫文儒雅的陳培榕說起話來從容不迫，話說得看似輕鬆，但再深入探究當年得以成行的枝微末節，他也不禁瞇起了眼，不諱言的重複說了兩次：「很難、很難。」

「如果是工會主動來找我們的，那就輕鬆多了，但有些場次，可是得要耗費唇舌才能說服的了他們。」陳培榕不是不能理解工會或公司的考量，畢竟召集人就是一件不簡單的工作，還得考量營運成本與工作時數，雖然篩檢花不了多少時間，但人數一多，時間也就跟著一起消磨。

這些個年頭以來，他們主動詢問，碰壁的次數不少，但只要對方同意，花蓮慈濟醫院就會盡可能的調派人力、協調時間配合。

族語衛教，提升健康識能

在眾多方法多管齊下之後，願意來篩檢的人多了，但要論成功，還太早，這也只是進入初春階段而已，為了加速春天的腳步，獲得開花結果的好成績，於是他們又開始想方設法，決定從提升居民們的健康識能下手，進而在往後的往後，即使沒有小禮品的誘因，也能讓居民們願意主動的接受篩檢。

「山區原住民多，有時候要去拜訪他們、做衛教，他們也不見得要理我們。」張菁育笑稱，一則老人家說習慣了族語，不諳中文，再者即使能以中文溝通的，也不禁會有「你又不是我們族人，你怎麼會瞭解我們」的抗拒心態。

因此，每當進入社區進行衛教時，他們會找當地人協助翻譯，然而舉辦一場衛教，必須租借場地、發出通告，還得召集足以協助現場的工作人員，不僅相當耗時，也得出動許多人力資源。考量目前人們喜歡從手機上獲取資訊，因此他們決定設計一套手機 **APP**，並拍攝衛教影片上傳。

花東衛教資源共享平台 **APP** 就此誕生，在風險移撥款的協助之下，也鼓勵不少有意願、有熱情的人以當地族語協助拍攝衛教影片，包含醫學知識、運動保健以及傳染病防治等，主題相當多元。截至二〇二一年五月，已經有七十幾部影片，並陸續在增加當中。

負責慈濟東區人醫會的花蓮慈濟醫院許文林副院長（中）時常下鄉義診，仔細地了解老人家的問題，同時做衛教。

張菁育表示，風險移撥款的應用還不僅如此，「我們也針對成功召回篩檢異常患者給予鼓勵津貼。」

「如果篩檢異常的患者不願意回到醫院治療，那麼篩檢也是枉然。」翻開國健署的給付條件與範圍，張菁育逐字逐條的唸誦，針對舉辦衛教課程、篩檢活動，只要有達到計畫目標，就得以申請補助津貼。然而對於篩檢異常的患者，該如何勸他們回到醫院做進一步的檢查與治療，卻沒有鼓勵的機制，「因此在有了風險移撥款的經費後，我們就討論將一部分經費用來做為鼓勵，只要相關人員成功的說服病人回到醫院，就能得到些許的轉介給付。」

獎勵金額或許並不多，但對於前線作業的人員而言，無疑也是一帖提振精神的良藥。

風險移撥款的應用猶如一股春風，吹動著準備散播種子的蒲公英，將篩檢的種子往每一位東部民眾的心中輕輕栽下。

第五章 ▼ 健康守門人

★致敬——第七屆個人醫療奉獻獎得主江昭妹護理師（臺東縣延平鄉衛生所）

望著眼前湍急的河水，江昭妹告訴自己必須得提起膽量走過去，即使她現在已經不是一個人了。撫著隆起的腹部，一個新生命正在此處靠著她所提供的養分孕育成長。

可是她非得過河不可，河的那一邊有人需要她，是病人。

要不是山地鄉衛生所人力有限，衛生所人力不足，這般危險的工作是輪不到有孕在身的江昭妹來的，這條溪流她已經涉水走過多次，畢竟通往前方的最快的路徑就是這裡了，但以往河水都沒像這次這麼的湍急，也許是因為昨天那場大雨的關係吧！她沒給自己太多遲疑的時間，抬起手上的醫藥包，抬起長年行走山路而長出一雙厚繭的雙腳，一步一步往前走去。

那一次，江昭妹差一點被溪水給帶走，但上天終究是留下了她與孩子這兩條命，或許是知道她的一雙手能為偏鄉山村帶來許多的慰藉。

她是一名護理師，但也替村人接生小孩，甚至還得分擔公衛宣導的角色，除此之外她也是村民們的定時鬧鐘，在老人家慢性病快要吃完、孩子要打預防針的無數個時段與日子裡，提醒著患者與父母到衛生所取藥、打針。

她的工作既繁又雜，但她卻感謝自己有一雙救人的手與學識，有感而發的說：「只要能守護族人的健康，再苦、再累，都是值得的。」

江昭妹有一雙救人的手，而花蓮慈濟醫療財團法人執行長辦公室專員陳俊勳則有著一顆寫滿計畫程式的腦袋，那一條條的計畫與程式內容，也是為了救人。

父親的一場病讓陳俊勳回到臺東家鄉來，回想起民國七八〇年代，他笑言當時會電腦的人可能不少，但會寫程式的人卻不多，每當心頭被苦悶的狂風暴雨給包圍時，他就會用思考為自己撐起一把遮風擋雨的傘，想著該怎麼讓花東地區更進步，該怎麼讓這裡的人看病更方便。

他把他的憤怒化為熱情，並將所有的熱能投注在自己的一技之長上，想起當時，他寫了一個又一個的計畫，也爭取過上億元的經費，就是希望將網路與科技帶入部落，成就「遠距醫療」的完整。

直到東華大學教授的一席話，開啟了陳俊勳這個理工男有別以往的省思。

權。

那一回，他到了東華大學提案，希望能將外界的資訊引進部落，落實部落孩子們的教育平

他說得頭頭是道，審查的教授也認真聆聽，選在他報告到了一個段落後，才對他禮貌性的點了點頭，將發言權溫和的移轉到自己身上，問陳俊勳：「陳先生，你覺得部落的特色是什麼？」

出生在部落的他，幾乎沒有花多少時間就在心裡摸索出答案，回答：「文化。」

答案雖然簡短，卻贏得了審查者難得的笑容，審查教授緊接著問：「那你覺得這份計畫對部落文化而言，究竟是好還是不好呢？」

這番話，讓一向口條好、辯才無礙的陳俊勳閉緊了嘴，或許在肢體表情上沒有透露任何端倪，但他的心裡卻猶如迎來驚濤駭浪，一道又一道的巨浪打得他幾乎就要招架不住。

他不禁自問：「我一味的想用我自己覺得可行的方法幫助別人，但受助者真的需要嗎？他真的覺得好嗎？我有想過這對村莊所帶來的衝擊嗎？」

這已經是將近二十年前的事情了，但如今談起來，陳俊勳的神情仍難掩鬱悶，「這讓我想起過往的一個計畫案。」

他是個坦白的男人，一五一十的道出那個他自認失敗的計畫——熱衷於公衛業務的他，一想著要照顧部落裡的長輩，於是懷著一顆火熱熱的心，很快就寫出一份圖文並茂、條理分明的計畫書，一如往常的，這份計畫不僅輕易就通過審查，也爭取到令人滿意的計畫經費。

陳俊勳用這筆經費購置了三十套穿戴裝置，打算用來針對失智老人進行用藥、睡眠、生活習慣等身體量測，並進一步協助醫療單位判別其症狀的輕重等級，並協助減緩長者病況繼續惡化。

「科技人有時候是很自私的。」陳俊勳率直的近乎直白，坦言在他內心裡的嚴格評比，這個計畫是以失敗做結，「大家對於科技的應用，常嘗試過度理想性，其實科技有時候還真不人性。」

陳俊勳嘆了口氣，微微調整坐姿，原本雙手交叉靠在桌子上的雙手，倏的往上一抬，他將雙手交疊往後，讓烏黑的髮與被回憶刺痛的頭得以枕上，「光是要讓這些老人家戴上並請學會使用，就是一個大難題，更別說在那個年代，蒐集來的參數也沒有辦法做整合。」

健康福祉計畫——以人為本

這些未能達到預期成效的計畫，並沒有成為打敗陳俊動的巨錘，反而成為他因為不願被壓垮而奮力撐起來的反作用力。

二〇一八年，衛生福利部啟動「健康福祉科技整合照護計畫」，計畫中以家庭為單位，進行跨醫療照護、社會福利、兒童早療系統的資訊收集，在結合專業醫療與資通訊技術之下，期待能以最新的智慧醫療照護科技提升偏鄉地區的醫療品質。

「計畫一出來的時候，我們就馬上著手去提案。」花蓮慈濟醫院主任祕書陳星助閉上眼，將自己拉回那一年與那一刻，他不會忘記當年去提案的全部單位，總計有十六個，也記得花蓮慈濟醫院是以第一名的成績成功取得計畫與經費，往後更連續三年持續爭取到此計畫的執行，「第二年剩下五家去投標，我們一樣拿到第一名；第三年我們同樣也是以第一名的成績

二〇一九年，花蓮慈濟醫院與秀林鄉衛生所合作的健康福祉科技整合計畫成果發表會。時任國民健康署署長的王英偉（前排左二）、衛生福利部護理及健康照護司技正劉敏玲（前排左一）、衛生福利部資訊處代表李淑玲（前排右一），以及花蓮縣衛生局局長朱家祥（前排右三）、慈濟醫療法人執行長林俊龍（前排左三）與秀林鄉衛生所主任田惠文（前排右二）等人共同見證。

通過，明年會是最後一年，我們也已經在著手準備了。」

問他，這麼多年來何以能在眾多單位中拔得頭籌？

面對提問，已經從回憶中抽回的陳星助，雙眼裡都是夏夜閃爍的星辰，「很多單位的只針對單一項目的執行去提案，但我們做的是全區域全面性的服務，不僅整合公衛系統，也做了一些AI的創新運用，甚至我們還創立了健康守門人的角色。」

談起健康守門人，陳星助的臉上堆滿了笑意，而身為健康福祉科技整合照護計畫負責人之一的陳俊勳更是精神飽滿。

「第一年我們以花蓮慈濟醫院負責IDS計畫的秀林鄉為基地，要為秀林鄉一萬六千人的家庭做健康戶口名簿的歸戶。」陳星助搶先一步開口，說明要為全鄉人口做健康資訊作歸戶並不輕鬆，考量每個人的生活習慣以及對資通訊設備的運用程度，因此特別將全鄉的人分為四大類型，「第一種是會自己去文化健康站或是社區關懷站、衛生所的，就可以直接使用我們放置在那裡的量測儀器；第二種人是家裡有其他照顧者或是外勞協助的，我們就將移動式的測量儀器放在他家；而第三類型的人則是經濟能力許可、對資通訊設備較為熟悉的，那麼就可以使用穿戴式裝置。」

「最後一種類型，就是自我照顧能力差、身邊又沒有人協助的居民。」最後，陳俊勳把發言權接了回來，「我們就訓練了一批健康守門人，按時帶著設備上門，幫他做量測。」

健康守門人，自助助人

健康守門人的招募獲得令人意外的熱烈迴響，第一次的培訓課程就來了將近三十位報名者，最年輕的僅二十出頭，年紀最長的也有足以享有老人津貼的人。

陳俊勳還記得培訓的那幾個月，苦笑著道出「狀況百出」的總結。

由於健康守門人的職責除了幫忙量血壓，也必須要協助驗血糖，因此課程不僅必須充實健康守門人對各種慢性疾病的認識，也得教導他們操作量測設備，這些課程對多數人而言，在幾次學習之後便能輕易上手，而真正難關則是曾被陳俊勳評論為並不人性的科技。

「對於那些設備，年輕人一學就會，馬上就可以操作，但是上了三個月的課，年紀大一點的人連登錄帳號都有困難。」不少人怕拖累大家的進度，也擔憂自己無法承擔起重責，因此在上了一兩堂課之後就萌生起退意，但陳俊勳始終不放棄任何一人，不時的鼓舞著他們：「健康守門人最重要的條件，是你們會講當地的族語，而且深得社區的信任。」

在課堂的互動中，陳俊勳聽見了各式各樣的人生曲目，每個人想來參加健康守門人的角色，都有專屬於自己的主旋律。

「有個守門人告訴我，他兒子很優秀，在當演員，演過不少戲劇。」只可惜，對方說了幾部戲劇的劇名，甚少在看電視的陳俊勳卻一個也不認得，然而令他好奇的是，既然對方的孩子如此優秀，又何苦要來應徵一個小時不過一百元出頭薪資的工作呢？

對方羞赧的笑了一笑，家庭給他的包袱讓他低下頭來，曾經他也是個有穩定薪資的上班族，讓他回來的，是一場生在母親身上的病，「我媽是肝癌末期，我回來照顧她。」

看著他，陳俊勳只有同理，想起自己當年回到後山的理由，跟這個人一模一樣，他們都有一副不夠殘忍的心腸。

但男人的話還沒說完，「我們家幾個兄弟姊妹都出去打拚了，有一年過節我們回來，孩子好奇，看見抽屜就開，後來他們打開一個抽屜，那畫面讓我驚嚇。」

裡頭不是什麼駭人的物品，而是一包又一包幾乎要將抽屜塞滿的藥丸，已經忘了是誰，把藥包一包一包拿起來看，都是必須得按時服用才得以控制癌症的藥物。兄弟姊妹幾人看了，面面相覷，不禁回過頭來異口同聲的問母親，為什麼抽屜裡放了那麼多藥？

答案他們是知道的，再問一次，只是為了撫平心中的不安，即使他們也都深知，這只是徒勞無功而已。

於是他們換了個方式問：「為什麼不吃？」

「吃了也沒用。」母親別過頭去，臉上刻著倔強，她用這股傲氣，在偏鄉山區餵養幾個孩子長大成人，並讓他們有能力到社會上去與人平起平坐爭取一份薪資足以養家的工作。她語氣僵硬的說：「如果不舒服，倒不如就去睡覺。」

「她本來第二期，結果這一拖，直接就變末期了。」男人看著陳俊勳，眼底寫滿了複雜的情緒，有無奈、有懊悔也有不捨，「我們想想，該有個人在媽媽身邊照顧她，於是我就回來了，但這個地方根本找不到工作……」

他沒說完的是，健康守門人的工作彈性，可以照顧家庭，同時也能賺取足以溫飽的生活費。

說話的過程中，男人額上已經浮出幾滴汗水，學過好幾回的系統登錄他總是搞不定。

陳俊勳請他安心，初期會先安排讓還不習慣操作設備的人與年輕人共組，兩兩一組出勤服務，直到所有人都上手之後，才各自分配該服務的個案量。男人聽了，才終於露出今天第一個輕鬆的笑容。

男人有他的無奈，而那個四十多歲，年紀與他相仿的大男孩，陳俊勳沒能有太多機會與他深入談心，只知道他是被熱情的鄰居又拖又拉，被半強迫之下來參加培訓的。根據熱心的鄰居說，男人雖然已近中年，但在高職畢業之後就很少參與社會經驗，個性也相對封閉。

「一開始我們替他設定的照顧目標，是五個人。」談起大男孩，陳俊勳不自覺的把語氣放軟許多，不好意思說出口的是，起初他並不認為他會做得長久，「漸漸的他照顧的人變多了，從十個到二十個，一個健康守門人能照顧好二十個人已經很厲害了，但後來他一個人就照顧了將近快五十個人！」

陳俊勳欣慰的看著這些人生各

花蓮慈濟醫院二〇一八年與花蓮縣政府共同建構「幸福花蓮健康秀林」整合性照護計畫啟動當天，衛生福利部資訊處處長龐一鳴（前排右一起）、行政院科技會副執行秘書丁詩同、慈濟醫療法人執行長林俊龍、花蓮慈院院長林欣榮與雲端的部落居民揮揮手。

部落的居民也開心的與秀林鄉衛生所的慈院醫師、貴賓打招呼。

有甘苦的健康守門人努力工作的模樣，偶爾也會替他們捏把冷汗——例如到部落裡被狗追著跑、被咬傷，又或者一個閃神，自己就被針狠狠的扎了一下。

隨著工作的時日愈來愈長，守門人們也漸漸的與被照顧的對象發展出深厚的感情，曾有健康守門人在LINE群組上難受的傾訴，他照顧的一位長輩就在剛剛走完人生的旅途。

「我看到訊息時很感慨。」多年來，無論是在自己的家庭，又或者在醫院，陳俊勳雖然歷經過不少的生死，但每一條生命的逝去，仍會讓他心裡一縮，但這一回他更多的心情卻是安慰，「後來我轉了個念，想著老人家孤獨那麼久了，至少在過世的前一天，還有健康守門人到他家去關心他。」

話至此，陳俊勳舉起握拳的手靠近嘴邊，清了清喉嚨，試圖用這幾聲響亮來轉換情緒，「我們健康守門人要做的工作可多了，本來應該是很單純的，做完量測就可以走人，但漸漸的，電燈壞了要幫忙換，馬桶不通也要幫忙修！」

最後，他將話題拉回了那位曾點醒他的東華大學教授，以及那個不那麼完美的穿戴式裝置計畫，笑著說，這幾年來健康守門人除了補足了科技的不足，更填補人們在環境中所最匱乏的溫暖與善意。

陳俊勳期待，健康守門人的角色最終是引起善的漣漪，「一開始可能是別人幫助你，接下來被幫助的人會在其中體悟到自己生活模式裡的錯誤，進而戒除惡習、自己幫自己，最後如果可以互相照顧。無論是老老照顧或是老少照顧，部落最終還是要走向自助、互助與共助。」

抬起眼，陳俊勳望著的方向，除了樑柱的線條，只有遼闊潔白的天花板，他把這片白當作畫布，試圖在上面將心中那幅美麗的圖畫放上，「我不知道何時才可以看見這麼美麗的畫面發生，但總有一天。」

笑容在他臉上展開，他又說了次：「總有一天。」

第六章 ▼ 高盛行率的 C 型肝炎

★致敬——第五屆個人醫療奉獻獎得主何谷婷修女（台東聖母醫院）

四十二歲的何谷婷早已隨著紅十字會難民醫療團的腳步去過許多國家，無論是亞洲的泰國，或是非洲的衣索比亞，憑藉著一身護理專業與熱情的心，出生於美國的她，將愛化為行動，即使過了不惑之年，她還是想替世界上需要醫療的人們做點什麼。

於是，她又再度啟程，這一回，她選擇了一座小島，名為臺灣，她從未聽過這個國家的名字，但這並沒有撼動她想去到當地服務的堅定信念。

當她來到台東聖母醫院的時候，正值臺灣小兒麻痺爆發盛行之際，雖然有政府大力宣導與支持，部分地區的預防接種率高達百分之百，但在何谷婷一步一腳印的訪查之下，這才赫然發現有許多位處偏鄉、剛產下孩子的家庭根本不知道接種疫苗的消息，看見那些健康誕生的孩子在緊接而來的日子裡，可能會被小兒麻痺爬上身，即使只是想像，何谷婷也不忍在腦海裡試著想像他們的未來。

她深知，不捨的心情無法解決現狀，唯有實際行動才能為這些生命開拓出名為健康的人生。

自從一九六〇年代兩位修女在東部宣教時，看見懷孕婦女在田埂生產，有感於懷孕婦女必須冒著生命風險誕下象徵希望的生命，因此萌生創立助產院的念頭，而後助產院更擴充成為台東聖母醫院，並承擔臺東地區多數婦科治療與生產。

「既然產婦都會來醫院生孩子，那麼我們就定期發通知給家長，請他們帶孩子回來健檢並接受預防接種。」何谷婷萌生的一念彷彿漣漪，讓疫苗接種的普及率愈來愈廣，倘若遇到遲遲沒有回到醫院接種疫苗的家庭，她甚至不惜親自到對方家，苦口婆心的解釋疫苗接種的重要性，請對方務必將孩子帶回醫院來打針。如此妙法，果然奏效，而後只要是在台東聖母醫院出生的孩子，預防接種率高達百分之一百。

當何谷婷因為年事已高且視力衰退，不願成為臺灣人負擔的她，決心返鄉修養，然而直至今日，她當年致力要把所有的新生兒都找回醫院來接種疫苗的故事，仍然一代又一代在臺東流傳著。

如果每個世代都是把琴，那麼不同的世代所拉出來的音色也將不同。在何谷婷初來臺灣的時代，小兒痲痺為臺灣的新生兒帶來一朵揮之不去的陰鬱烏雲，但是在門諾醫院腸胃內科主任鄭穆良從醫的這個世代，他看見的是深受肝病所苦的成年人。

距離批價掛號的大廳有一段不短的距離，走過幾條直線，又繞過幾個彎，來到位處門諾醫院不起眼的一隅，這裡有著鄭穆良願意投入一生的志業。辦公室門外，一塊閃亮的金色牌子雖然面積不大，來者得靠近一些才能看清上面所寫的字，但對鄭穆良而言，「門諾醫院慢性肝病防治中心」這幾個字是銘刻在他生命中最美麗的字眼，同時也是他奉獻無悔的驕傲。

談起東部地區肝病死亡，鄭穆良不由得要先從C型肝炎說起，原因別無其他，正是因為C型肝炎是造成慢性肝病及肝癌死亡的第二大殺手。

在坪數不大的慢性肝病防治小組辦公室裡，鄭穆良才剛結束門診與查房的工作，白袍還不及脫，就趕緊將電腦打開，從眾多的資料夾中找到他想分享的簡報。其中一張將花蓮地圖放大至中，旁邊是一個滿是數字的表格，斗大的幾個字排列在上，寫著「花蓮地區慢性肝病肝硬化死亡率、C肝風險等級及C肝盛行率」。

上頭數字很多，但鄭穆良想跟筆者分享的，只有其中一個——百分之

門諾醫院慢性肝病防治中心主任鄭穆良。

十二點四，那是花蓮縣的整體C型肝炎盛行率。

手指頭輕輕點了幾下滑鼠的按鍵，簡報頁面迅速跳到下一張，屬於臺東的狹長的地圖將花蓮地圖的殘影狠狠的覆蓋上去，這回他要筆者再看的，不是盛行率，而是死亡率——全縣總計有四個鄉鎮慢性肝病死亡率，每十萬人口超過一百人，其中還有鄉鎮更高達兩百二十六人，對比同年臺灣地區慢性肝病死亡率不到二十人，讀來令人深感震撼！

「根據余明隆教授及肝病防治學術基金會的資料顯示，全臺灣C肝盛行率約百分之四點二。」鄭穆良說著話時的心情很平靜，但眉頭始終都是皺在一起的，「花東地區C肝盛行率不僅高，慢性肝病死亡率也高。」

在數字間兜兜轉轉，幾經計算，鄭穆良一筆一筆的算出花蓮與臺東需要治療的人口數，「以百分之七十五在籍在戶人口來算，花蓮與臺東有將近一萬三千個C肝患者，其中就有將近一萬人需要藥物治療，但花東的人口加總起來也不過才五十五萬人。」

人數之多，讓鄭穆良的神情始終肅穆，所幸C型肝炎的全口服藥物DAA治療已然上市，不只第一線的醫療同仁深感慶幸，中央政府也在幾年前展開大作為。

「衛生福利部有一個C型肝炎完治計畫，是當時的副總統陳建仁提出來的。」身為公衛學者，陳建仁以世界衛生組織於二〇一五年在英國北邊格拉斯哥（Glasgow）對於防治病毒性肝炎發表的一項宣言為範本，進而籌組「國家C型肝炎旗艦計畫辦公室」，並編列十年八百億的預算，預計將有二十七萬五千名患者將能受惠。鄭穆良進一步解釋，這個計畫期待能減少百分之九十的新感染者，並大幅減少百分之六十五的死亡率，也期待有百分之八十患者能得到治療並康復，而目標總有期限，這個日期，鄭穆良不可能忘記，「衛生福利部希望在二〇二五年達成這些目標與成效。」

數字太多，目標太遠，問多年來始終站在肝病防治第一線的鄭穆良，真有可能如期實踐如此美夢嗎？

鄭穆良露出他一貫的溫煦笑容，並不將話說死，但也明確表示他是樂觀看待的，只因為醫學的進步超乎預期，尤其二〇一六年所研發出的C型肝炎新型藥物更是替所有人的熱情添柴興火。

鄭穆良興致勃勃的表示，新藥不僅副作用少，治癒率更高達百分之九十八以上。展開咧到臉頰邊的笑容，他興奮得就像個孩子，直說著：「這個藥不僅會讓病人痊癒，還可以斷根，是神奇藥丸。」

十年黑暗期——干擾素治療

用左腳輕輕反向一推，鄭穆良將座椅往後挪移，把自己與電腦的距離稍微拉開一些，將眼神望向對角的天花板，這間辦公室的每一個建築稜線，他記得一清二楚，一如C型肝炎的藥物使用演變史，同樣也在他的腦海裡烙下難以抹去的記憶。

「如果是二十年前，我們不敢樂觀。」笑容從他的臉部中央溢散開來，部分的笑容隨著徐徐的中央空調涼風感染了現場每一位聆聽的人，雖然他再開口說的話並非美好，但貼心的他是要讓我們知道，緊接而來的故事雖然是噩耗起頭，但結局是美好的。

回想起二〇〇一年到二〇一一年這個十年間，他的語氣還是有些乾澀，直說那

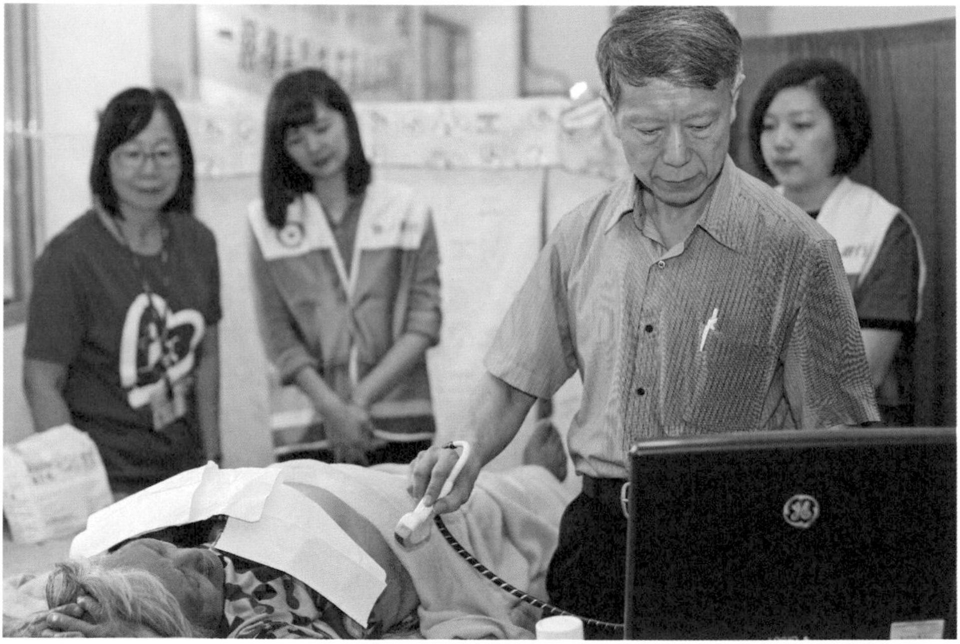

鄭穆良主任進入社區為居民做超音波檢查。

是相當漫長痛苦的十年，「二〇〇一年，治療C型肝炎的藥物『干擾素』上市，根治率有七成，但過程中患者要承受的痛苦，是一般人很難能想像的。」

干擾素的療程短則需要半年，長則可能需要漫長的三百六十五天，在這段治療的日子裡，病患得每週回到醫院打針，最令人難受的不是頻繁的忍受針筒注射的短暫疼痛，而是隨之而來猶如重感冒的副作用，疲倦、嘔吐或許尚可忍受，但不少病人還會有發燒、抑鬱以及白血球低下的症狀發生。

「試想，長達半年至一年，每個禮拜都在重感冒，是不是很痛苦？」伸出手來，鄭穆良輕輕的將電腦螢幕上的點點塵埃撥去，但卻無法將那些曾經接受治療的患者所承受痛苦的模樣從記憶中抹去，「病人這麼辛苦，成功率卻不算高，有時候失敗了，這段路他們還得再重新走過一次。」

鄭穆良放在心中卻難以說出口的是，許多病人就此不再接受治療，那些等待更新的病歷不再有機會能被調閱出來，失聯的患者比比皆是。

「成功的人是幸運兒。」鄭穆良進一步解釋，病人在停藥後的二十四週，若血清中偵測不到C型肝炎病毒（HCV-RNA），那麼便是成功了。根據統計，鄭穆良口中的十年黑暗歲月，因為干擾素而獲得新生的患者將近有七至八成，成效聽起來令人振奮，卻是患者們用苦痛拚出來的成就。

新型藥物上市──溫和有效的治療

鄭穆良不止一次提到十年，那麼十年之後呢？

聽到能夠將話題帶往歡愉的方向，鄭穆良的笑容又重新爬回他的臉上。

「二〇一一年DAA的口服藥物研發出來，不過這還只是雛形，第一代的DAA必須還是要跟干擾素一起使用，才有比較好的效果。」鄭穆良幾乎不太費力回想，直指莫約是在二〇一四年左右，第二代DAA藥物就宣布研發成功，「第二代藥物雖然不用再搭配干擾素使用，但是有很多的限制，因為C肝有六種基因型，每一種都還有亞型，但第二代藥物主要用於基因型第一型及第二型，肝硬化患者也不能使用，否則可能有惡化的危機。」

輕輕吐出一口長嘆，鄭穆良坦言，直至此時，新型藥物雖然有其便利性與良效，然而風險卻也相當的高，當時許多醫師在決定是否使用第二代DAA藥物時，都得謹慎、謹慎再謹慎，就連他自己也是得考慮過一次又一次，確保周全才敢開藥，「不得不說，有時候真的蠻緊張的。」

黑暗的年代總會過去，苦等多年之後，眾人終於迎來陽光燦爛的二〇一六年，所有第一線的醫師與等待治療的患者們苦苦守候的曙光出現了，全基因型的DAA藥物陸續宣布上市！鄭穆良將這一年開始之後到現在，稱之為DAA治療C型肝炎的輝煌年代。

「新型藥物成功率很高，百分之九十八到百分之百，幾乎少有失敗的。」他笑說，自己出門演說分享時，都這麼形容這一代的DAA：「既會好，又能根治，也沒什麼不舒服的副作用，是非常神奇的藥物！」

新藥藥效奇佳，而且一天僅需服用一至三顆，整個療程也不過才二至三個月，很少有病人不願配合，然而新藥剛上市時，就遇到了一大難題，那就是昂貴的藥價。起初DAA藥物一顆就要一千元美金，這令人嘆為觀止的價碼，鄭穆良永遠忘不了，他算了算，整個療程下來就要兩百五十萬元！

「幸運的是，第三代全基因型DAA在二〇一六年上市後不久，中央跟廠商齊心配合，把藥價壓到一個療程只需要約二十萬元。」話語至此，鄭穆良終於露出了一個發自內心、幅度甚為完美的笑容，「而且還納入健保。」

在健保制度下，用藥的患者幾乎不知道自己所服用的藥物，原價竟是如此高昂，有時為了鼓勵患者按時服藥，鄭穆良不僅會將真實藥價坦白，還會笑話著告訴患者：「就算掉到地上也要撿起來，撥開灰塵把它吃下去，這可是黃金啊！」

然而手握良藥，對於治療花東地區眾多的C型肝炎人口，是否就能此一帆風順？鄭穆良收起笑容，坦言現實仍有必須解決的困境。

二〇一九年的最後一天，根據衛生福利部國家C型肝炎旗艦計畫辦公室統計，花東地區以干擾素治療的患者有兩千八百位，而使用DAA治療的患者達兩千兩百位，假若這五千位患者最後都能成功治療，那麼等同於花東地區的C型肝炎患者已經治癒了將近一半的人口。

百分之五十的人口獲得治癒，聽起來令人興奮，但鄭穆良卻看見了深藏在數字背後的隱憂，「那麼剩下一半的患者在哪裡？為什麼他們不願意出來治療？是不知道自己得病，還是根本不願意治療？」

說著話的鄭穆良，臉上有一抹紅光，那是電腦螢幕上，以紅色方匡標出來的折射，紅框內是花東地區那令人觸目驚心的高死亡率。

距離中央政府制訂達標的二〇二五年眼看只剩下四年不到的時間，身處第一線的他，前方的盡頭已經隱約看見，但是路上的挑戰還需要想方設法一一移除。

第七章▼一輩子做好一件事

★致敬——第二十五屆個人醫療奉獻獎得主李仁智醫師（花蓮慈濟醫院）

高中時期，李仁智在書局買下了三民主義的原文，那是孫中山眾多演講中的其中一場，裡頭有一段話這麼說著：「如果你有服務一個人的本領，你就可以去幫一個人服務；如果你有造福百人的本事，就去服務眾人吧！」

這句話在李仁智心裡扎下了根，在大四那年，考上醫學系的他參加了一場暑期活動，隨著教授的引領他首度來到花蓮縣的卓溪鄉，主要任務是協助當地衛生單位替居民檢查寄生蟲的問題。那天有不少家長牽著孩子來，那群普遍四肢纖細的孩子們，腳上布滿著點點紅印，有些紅印裡還透出黃稠的膿包，相較都會孩子豐腴細緻的皮膚，他們的皮膚紋理承受更多名為地理條件、公衛知識以及衛生條件所帶來的妝點。

「以後如果有機會，我會再來。」蹲著替孩子檢查的李仁智，在心裡這麼對自己說著。

醫學系畢業之後，李仁智義無反顧的投身薪水並不豐厚的防癆局，而後看見了花蓮結核病居全臺之冠，更是義無反顧直接來到花蓮找工作。這一待就是三十幾年的時光，而這三十幾年來，他始終未曾遠離那逐日漸少的結核病患者，人生跑道始終如一，一輩子與一種疾病共處、奮戰，李仁智卻一點也不認為枯燥無趣，「因為這就是我想做的事情。」

他曾在一九九八年向花蓮慈濟醫院遞出「東部結核病防治中心營運計畫書」，結尾如此殷切寫下：「第五屆醫療奉獻獎團體獎頒給愛滋病工作人員，第六屆頒給慈濟骨髓資料庫，職相信並衷心地希望在不久的將來，此獎會頒發給在結核病防治工作上有卓越成就的單位。」

如今他終得如願，更是醫療奉獻獎歷屆得主中第一位因結核病防治而得獎的醫師，但他認為這份殊榮不全只屬於自己，「這是屬於臺灣防癆界的諸位，我們的努力與默默耕耘，終於被看見了！」

李仁智即使在SARS那一年，就接任了中央流行疫情指揮中心東區指揮官的任務，然而在平常的日子裡，他依舊堅守著胸腔內科主治醫師的工作，敞開診間大門，迎來一個又一個罹患結核病的患者。

這一輩子，李仁智有過很多頭銜，但他始終全心投入的唯有肺結核防治工作。

一輩子做好一件事，就功德無量了，對門諾醫院腸胃內科主任鄭穆良而言，不也是如此？

進入門諾醫院慢性肝病防治小組的辦公室，鄭穆良頻頻不好意思的直說：「辦公室小，請多擔待。」他在招呼的當下，一旁的研究助理潘秀美也忙不迭的起身，拉來椅子請我們坐下，辦公室的空間確實有限，辦公椅往鄭穆良辦公桌旁一擺，也就沒有多餘的通道可供人進出了。

辦公室空間雖然並不氣派，窄小的空間內勉強也只能擺下兩套辦公桌椅，但鄭穆良卻覺得溫馨，喜樂在他的內心永恆滋養，因為慢性肝病防治小組的成立是他多年來的夢想，如今可謂美夢成真。

談起慢性肝病防治小組的成立，鄭穆良輕聲笑著說，一切都是源於一場美麗的邂逅。

那是一個陽光燦爛的季節，一天，他在走廊上巧遇當時還是門諾總執行長的趙福厚，長年致力於肝病防治的他鼓起勇氣，在這偶然相遇、短短的路程上，試圖以最簡短卻又最足以說服人的話語告訴他，慢性肝病之於花東地區而言，是迫在眉睫的任務，他也解釋，方法已經顯現，新藥將是一條通往治癒的捷徑。

「如果說，腸胃科的醫師是駕駛，國家的C型肝炎防治計畫是方向盤，那麼DAA藥物就是一張車票，只要病人願意上車，就能抵達他想去的終點——治癒，而這列火車就是醫院。」鄭穆良認為，唯有醫療院所火力全開的積極投入，C型肝炎完治計畫才能得以有效率的朝著目標前行。

「我們必須要有所行動，把失落的病人找回來。」殷切的眼神望著身旁的趙福厚，鄭穆良期待，門諾醫院自創院以來的服務精神，能推動著院方的大力支持。

可喜的是，趙福厚給的回應不僅沒有讓他失望，堅定積極的行動更是不遑多讓，「這是我們該做的事情，必須立刻就做。」

二〇一八年十二月，門諾醫院慢性肝病防治小組就此成立，小組成員在鄭穆良的帶領下，推展慢性肝病防治上始終汲汲營營，很多的日子裡，鄭穆良雖然忙，卻忙得心滿意足。

除了人力的補足，更讓他感到欣

門諾醫院鄭穆良主任努力的推廣慢性肝病防治宣導，希望有助於把病人找出來。

慰的，是二〇一九年健保署東區業務組獲得九千多萬元的東區總額風險移撥款，在東部十七家醫院的同意之下，將一部分款項投入在C肝防治上，「這筆款項無疑是我們在推動慢性肝病防治上最大的動力！」

盤點之後，把病人找出來

有人力、有經費，鄭穆良當下卻不像一台加滿油的跑車，不顧一切的往前衝出去，他反而拉緊手煞車，先讓自己冷靜下來。

「每一分錢，我們都希望可以發揮它最大的效益。」他的考量別無其他，正因為這筆款項來之不易，且金額也相當有限。於是鄭穆良在二〇一九年只做了一件事，就是「盤點」。

東部地區雖然有十七家醫院，但有醫療量能並持續在服務、追蹤C型肝炎的醫院僅有十四家，於是他找上各醫院的相關窗口，開始進行盤點作業，進一步的瞭解各醫院總計收治了多少C型肝炎患者。

統計出來的答案，出乎意料之外，十四家醫院的患者加總起來竟然有高達六萬多人！之前鄭穆良粗估計算東部可能罹患的C型肝炎的人數不過才一萬三千多人，六萬多人的數目字足足四倍有餘。

然而這對長年在花蓮服務、理解在地人特性的鄭穆良而言，幾乎是在第一時間就找出造成這個數目字之所以不合邏輯的原因，「我合理的推測是，因為病人會到處跑，他不只去一家醫院看，所以變成會重複計算。」

數字會說話，加上縝密觀察時空背景與在地特性，這一年盤點的結果，讓鄭穆良彷彿吃下一顆定心丸，「當我們知道母數時，就能夠很有信心的去做下一步，那就是把病人找回來，讓他願意接受完整的療程。」

於是二〇二〇年開始，計畫主軸為「召回」。鄭穆良運用風險移撥款做為

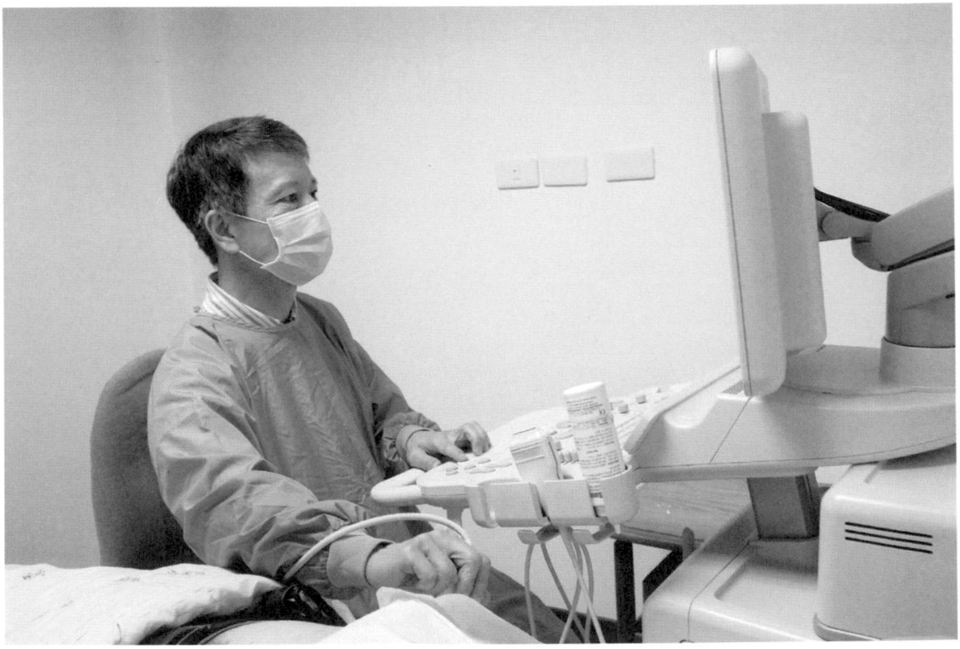

鼓勵，只要院方有召回病人，就有一定額度的獎金鼓勵，如此的獎勵措施，也激勵原本沒有量能投入治療C型肝炎防治的醫院大刀闊斧補足人力，共同投入此計畫的執行。

「於是從二〇二〇年開始，東部地區十七家醫院全都投入在C型肝炎防治項目上，努力要把病人都找回來。」鄭穆良露出了難得輕鬆的笑容，笑言起初召回一位病人的獎勵金是三百元，後來更一舉調高到五百元，此外含登錄治療、完成治療、達到各年度的指標都有額外的獎勵金。根據他的觀察，在臺灣其他區域使用風險移撥款時，很少會用來做C型肝炎防治工作，「東區可以說是很特別，有受到特別的照顧。」

無一不漏，在地宣傳

除了努力的將已知的病人召回還不夠，鄭穆良心裡明白，罹患C型肝炎卻不自知的患者肯定也是存在的，因此如何把這些病人找出來，也成為最令人頭痛的工作之一。

為了鼓勵民眾到醫院做C型肝炎的抽血檢測，鄭穆良認為除了醫療同仁必須不厭其煩的提醒到醫院看診的患者可以前往檢測，另一方面，也要強化社區民眾對於慢性肝炎的健康識能。

因此鄭穆良決定走出醫院大門，他分別來到花東地區的三家廣播電台，在節目上呼籲民眾自主前往醫院進行檢查與治療，同時也請研究助理潘秀美同步聯繫清潔隊，希望能透過垃圾車播放宣導廣播。

「秀美很厲害，聯繫了花東地區每一個清潔隊，希望他們能幫忙，結果他們不僅願意讓我們播放廣播，而且都還是免費的！」鄭穆良將功勞全給了坐在他後方的潘秀美，而請求垃圾車支援的發想，則表示是來自於門諾醫院長照部戴玉琴主任的提議。

鄭穆良回憶，那已經是兩年前的事了，有一回他和戴玉琴主任談起社區衛教，長年深入社區與偏鄉服務的戴玉琴主任問他：「垃圾車都會播音樂提醒大家出來倒垃圾，你知道很多社區的宣導或是訊息的布達也都會透過垃圾車的廣播嗎？有機會你也可以試試看，效果很不錯喔！」

戴玉琴主任的一番好心提醒，鄭穆良始終放在心上，如今在他最投入的事情上，這個過往的提議也被他從記憶深處挖掘出來。

持續一兩個月的時間，花東地區的垃圾車在收取垃圾的時間，會掛上鄭穆良特製的宣導布條「擺脫C型肝炎，健保提供終身一次免費藥物治療」，同時在《少女的祈禱》音樂後，也會傳來他一字一句清晰的話語：「各位鄉親大家好，我是門諾醫院胃腸內科主任鄭穆良醫師，C型肝炎是肝硬化及肝癌的主要原因之一，目前健保署有提供免費口服的DAA藥物治療，有百分之九十八的成功率，若您是C型肝炎患者，或是不知道是否得到C型肝炎感染，請到醫院進一步檢查及治療，門諾醫院關心您的健康。」

這是宣導、是苦勸，同時也是鄭穆良獻給這片土地上的人們最真摯的祝福。

體恤呵護，為病患打開綠色通道

「二〇二〇年是我們C型肝炎防治宣導最百花齊放的一年了。」鄭穆良的雙頰閃著興奮的紅暈，笑說無論是空中的廣播節目、地上的垃圾車宣導，又或是在醫療院所的建築物內，處處都有著為C型肝炎防治在努力的螞蟻雄兵。

德不孤必有鄰，二〇一八年至二〇二〇年，花蓮及臺東縣衛生局與NGO合作，同步對未曾檢驗過C肝的民眾做了精準的C肝普篩，陽性C肝民眾也由衛生所轉介至醫院做進一步檢查治療。對於花東地區健保署與衛生局兩大行政體系能如此密切合作、協同作戰，鄭穆良直說：「令人動容。」

他表示，門諾醫院甚至不惜為C型肝炎患者打開一條綠色通道——個管師每天會在網路上一筆一筆察看到醫院看診的患者是否曾經做過C型肝炎檢測，若發現檢測為陽性的患者到醫院看診，就會通知該診的醫護團隊協助開單，直接轉診到胃腸科門診，讓民眾得以在同一天就能看到兩個門診，無須再奔波一趟。

鄭穆良在電腦上拉出一張表格，顯示著從二〇一九年第四季到二〇二〇年第二季，短短九個月的時間，就成功轉介一百一十三例。

面對這樣的好成績，鄭穆良仍不敢輕言說成功，只是謙虛的表示：「我們的方法不錯，別的醫院若能仿效，算是一種拋磚引玉吧！」

根據他的觀察，每間醫院有各自的方式，無論哪一種方式，都是期待能找出更多失落的病人。

除此之外他也積極爭取機關團體的普篩，甚至只要有學校機關希望他能去衛教，再忙他也會抽空去分享。

投入慢性肝病防治領域長達三十幾年，一路走來鄭穆良無怨也無悔，問起讓他不顧一切的緣由，鄭穆良瞇起雙眼，在空中點動手指，似乎是正在算著讓他真正開始執著的年份，究竟是哪一年。

「應該是在二〇一六年吧！」那是一個再平凡不過的中午，不是什麼特殊的節日，手上正在照顧的病人也都安然，鄭穆良怎麼也想不到，員工餐廳的一份報紙，竟會讓他當日平靜的心海湧起陣陣大浪。

那一則牽動他情緒的新聞先是表示慢性肝病與肝硬化死亡將有機會從臺灣十大死亡之列除名，隨後在底下附上一張表格，明列著衛生福利部的資訊——慢性肝病及肝硬化死亡率為第十名，平均全台的死亡率為十九點四人／十萬人，花蓮的死亡率為四十一點八人／十萬人。

話至此，鄭穆良苦著一張臉，不知是該哭還是該笑，說：「我們還有一個難兄難弟，就是臺東，臺東的死亡率竟然更高達五十一點八人／十萬人。」

「這代表我這位胃腸內科醫師還有很大的努力空間。」鄭穆良當下在心中就發了願，願自己能成為黑暗中點燈的人，「或許只是一抹小亮光，但一輩子如果能做好一件事情，我也覺得很滿足了。」

第八章 ▼ 包裹著毒藥的糖

★致敬——第二十三屆個人醫療奉獻獎得主呂黃愛玉護理師（門諾醫院）

高老人過世了，他這一生不算漫長，但其實也不短暫了，讓呂黃愛玉心疼的，是沒有人替老人的最後一程妥善打點。於是她從存摺裡取出一些錢，這些錢是她為了像老人這樣需要居家護理的患者服務所賺來的，回想起與老人相處的那一段時光，有時她做完了護理工作之後，見碗筷沒洗、居家髒亂，顧不得已經一身疲憊，還是挽起袖子來清理乾淨才能安心離去。

她不由得想，或許老人人生的最後，最親的就是自己吧！

時常陪著太太到深山部落服務的先生，不止一次在心裡嘀咕著：「她對別人的付出也太超過了。」然而靜心而想，這些事情如果太太不做，那麼還有誰能來做呢？

在那一個基礎交通建設尚不普及的年代，山間部落常常連路也沒有，要過溪，除了提起膽識涉水而過，否則就得沿著懸崖峭壁邊謹慎行走，對投入護理工作超過四十年的呂黃愛玉而言，這是她早年工作的日常。

時常跟著巡迴醫療團隊深入偏鄉的她也看見許多村民為慢性病所苦，但卻受限於醫療知識而無法有效的控制病情，於是她開設課程，培訓了一批當地的志工，這群志工能替這些慢性病患者量測血壓與血糖，為個案的慢性病管理找出了有效的方法。

退休之後，呂黃愛玉卸下了護理師的身分，但卻捨不下她照顧了大半輩子的山區居民，於是她轉而投入志工的行列，期待在自己還走得動、有力氣做些事的時候，將人生奉獻給這片她最深愛的大山。

疾病敲響的門，不分貧富貴賤，而慢性病選擇要拜訪的年代，也不分早晚，呂黃愛玉在多年前看見病人為慢性病所苦的景象，並不曾隨著每一個心跳的停止而消失殆盡，至今依然橫行。對花蓮慈濟醫院家庭醫學部主任葉日弌而言，要與之對抗，除了花費心力，也必須要有沉穩以對的耐心。

糖尿病的療程從確診的那一刻起，幾乎就是一場無期徒刑的宣判，必須得固定服藥、打胰島素，日子就像在當兵，每個鐘點都必須時刻緊盯，時間到了該吃的藥要吃，該打的針也不能遺漏。

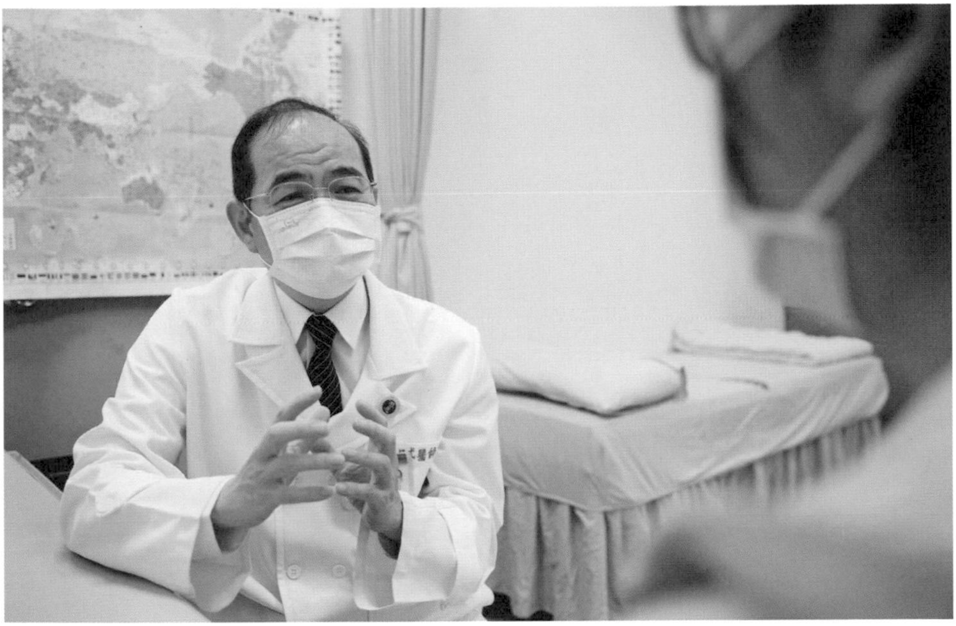

花蓮慈濟醫院家庭醫學部主任葉日弌。

「其實現在糖尿病的藥比起以前不僅更有效，同時也更安全。」話鋒一轉，葉日弌不願讓糖尿病成為酷刑的代名詞，他得替這個疾病說些好話，彷彿這樣就能讓罹患此病的人多少感覺到生命中還存有一絲幸運。

談起早期糖尿病的口服藥物能夠選擇的並不多，雖然降血糖的效果不錯，但造成低血糖的風險卻出奇的高，在新藥出現之前，葉日弌常這麼跟學生說：「高血糖可能需要花很長的時間才能傷害一個人，但低血糖可能只需要五分鐘，就會為人體帶來嚴重而且無法恢復的傷害。」

藥物的改良，無疑是糖尿病患者的福音，身為醫者，葉日弌的知識與學識都告訴著他，在療程的部分理應該做的為何，然而很多時候他卻決定闔上腦袋裡的那本書，選擇對病人而言可以長久配合的方式進行療程，即使那代表療效可能會有所打折。

不是為了叛逆，他會這麼做是來自一分源於理解的溫柔。

「有些患者，他可能需要多次施打胰島素就可以達到很不錯的效果，但我們有些患者年紀很大了，眼睛也看不清楚，又獨居。」在充足的日光燈下，葉日弌瞇起眼，彷彿熾熱的太陽正在他的頭頂，照耀出每一位來到他診間的老人們光明的臉龐，一個一個，他都能叫出名字，也記得他們臉上的紋路是如何排列出複雜又有趣的圖騰，「為了安全性，我就開口服藥給他吃，在學理上這可能不是最佳的方案，但對老人家來說，卻是最周到的方式。」

溫柔如果是一瓶顏料，那麼葉日弌說著話時柔情，足以繪出一幅五彩繽紛的畫作。

客製化醫療，讓病人不斷藥

他想起了其中一位老人，趕在寒冷的過年前急急的掛了他的診。葉日弌從來都不想讓年邁的長者在診間外頭的硬椅上等待太久，只是他多數的病患早就習慣早早就位，就怕讓醫師等候，會失了禮，那位故事中的主角也是如此。

當叫到了他的號碼時，葉日弌還在診間等了一會兒，才見他緩緩的步行進來，身上掛著一個顯眼的傷口。

他看了一眼就知道對方所為何來，糖尿病患者的傷口最難癒合，他的傷口不僅大片，又幾乎深可見骨。

血紅色的傷口就像一張長滿獠牙的大嘴，步步逼近，逼得他沒有任何的選擇，很快就將老人收治住院，並且轉給信任的整行外科醫師協助照護。

傷口照護是一門學問，幸運的是醫院裡有專門照顧傷口的團隊，老人的傷勢很快就獲得控制，一直到過年前，傷口雖然尚未完全癒合，但也已經符合出院的條件。

但葉日式還是不放心。

「你的傷口還沒完全好，還是必須得配合一天打四劑的胰島素，才能癒合的更快些。」眼見農曆年假即將到來，醫院門診有幾天將會休診，擔心老人家在過年期間有任何變化發生，於是葉日式問他：「有沒有住在你家附近，跟你關係還不錯的朋友？」

老人想了想，吃力的要從他又病又痛的身體裡將清晰的神智拉出來，他說住在附近有一個交情還不錯的友人。語畢，他反問葉日式為何如此提問？

「或許我們可以請你朋友每天來幫你打胰島素。」

葉日弌的話，讓老人家不由得深鎖眉頭，臉上的紋路又多了幾條，直說：「有必要這麼麻煩嗎？」深怕叨擾別人的他，自然是不願意的。

但葉日弌也沒準備就此放棄，此時此刻他選擇將溫柔收斂，並從情緒中釋放出多一些的說服，「不用一天打四次，一天打一次也可以，至少每天都有打到一劑就好。」

然而問題還沒能解決，朋友雖然答應了，但為了周全瞭解患者的身體狀況變化，每天還必須得替他量血糖，朋友聽了直說他不會，也不敢。

葉日弌幾乎要想破了頭，最後在細

葉日弌主任非常仔細的解說。

細瞭解之後，知道老人家附近有間藥局，步行就可以抵達，於是親自去拜訪藥局的藥師，希望能尋求藥師的支援；幸運的是，藥師幾乎是毫不猶豫，一口就答應了他！

「這件事情圓滿解決之後，這個年，我才終於能安安心心的過。」葉日弍的笑容陽光燦爛，足以照亮清晨的薄暮。

像這樣令他費盡心思、量身打造的糖尿病患者，這不是第一個，也不會是最後一位，葉日弍大可以按照標準程序開立藥方，讓患者自行克服生活上的不便，但他不願這麼做，「我看過很多患者就這樣停藥了，更壞的情形，是病況急轉直下……」

葉日弍深知，與糖尿病的抗戰要獲得勝利，並不能只讓患者孤軍奮戰，醫療團隊的體恤形同救命之仗，協助他們更有氣力撐住自己，以勇敢面對疾病所帶來的人生挑戰。

長期抗戰的疾病，無能為力的助援

翻開二〇一九年健保署所公布的醫療概況報告，密密麻麻的眾多疾病就像一棵枝繁葉茂的大樹，葉日弍從中將糖尿病的數據仔細挑出，又特別拉出花蓮與臺東的病患人數，那些阿拉伯數字讓他始終輕柔的的語氣一沉，「我們糖尿病的人數是占全國排名前幾名。」

以人口概論計算，葉日弌在腦中粗略估算出患者人數——花蓮約有三萬五千多人，臺東也有將近兩萬四千人。他無奈的語氣就像秋蟬的嘆息，表示這些人在漫長的歲月中，都在學習如何與糖尿病和平共處，其中有部分的人能掌握訣竅，但仍有多數人深陷苦戰。

「我們對疾病的認知是，如果生病了，就好好的配合醫師的治療方針，只要短期配合，配合的也不錯，那麼疾病就會往好的結果呈現。」想起他所診治過的糖尿病患者，葉日弌微微牽動嘴角，那不是笑，而是一種名為苦楚的展現，「可是糖尿病不一樣，這是一種必須要長期抗戰的疾病，甚至必須得調整飲食與生活習慣，才將糖尿病控制下來。」

與疾病和平共處的代價，是必須得一改生活習慣、捨棄喜愛的食物，如此犧牲部分的自我才得以成全身體舒適的條件。糖尿病不僅是一個挑戰人性的疾病，甚至在某些時候也是違反人性的疾病。

長期與眾多糖尿病患者接觸的過程中，葉日弌看見的大多不是完全的妥協與配合，「很多病人領了藥回去，能按時服藥就已經能算是配合很高的人了；只是很不幸的，對糖尿病患者來說，這種等級的配合度是不夠的。」

葉日弌的眼神裡有著複雜的情緒，身為一個有血有肉的人，他能理解生活與飲食受限所帶來的折磨猶如酷刑，然而身為一位醫師，他也必須承認，糖尿病患者的日常生活必須得受到部分的限制，才能相安無事的與疾病共存至壽命的盡頭。

然而現實總是處處有難題，花東地區最難以克服的困境，永遠都是醫療資源的匱乏。葉日弌坦言，即使多數東部醫院都有將醫療資源帶入偏鄉地區的作為，然而還是有些更細節的部分無法周全。

「以糖尿病患者來說，他除了需要醫生開藥給他，也需要營養師去指導他什麼該吃、什麼不該吃，甚至還要衛教師提醒他，生活上該注意些什麼。」輕推滑落的鏡框，葉日弌將眼鏡的角度重新調整，在視野變得更清晰的同時，一向溫和的語氣也略微尖銳了起來，「寄一封信到市區，貼張八塊錢的郵票，郵差就幫你送到，但如果要寄一封信到秀林鄉的山區，同樣也是貼八塊錢的郵票就能寄到，但對郵局來說，光是油錢就不只八塊錢。」

不談利潤，獨獨成本就決定了捨去的開始，即使有巡迴醫療團隊將醫療送入偏鄉，但資源卻是不足的，沒有營養師、沒有衛教師，只能端看醫師是否有足夠的時間苦口婆心。

眼底鏡巡迴醫療，助患者即早發現

雖然現實處處都有打擊，但偶爾也會迎來天降甘霖，風險移撥款這道即時雨，就替原本解決不了的窘境稍稍鬆開了綁緊的入口。

「這筆錢雖然不多，但已經足夠讓我們培養一些人才。」葉日弌口中的人才並非是訓練一位從零開始的學生，而是藉由風險移撥款的獎勵，支持當地衛生所、衛生室，甚至是巡迴醫療團隊的人員，額外再去補足糖尿病衛教訓練與照顧訓練，「以現有的人力去考取糖尿病共同照顧網的資格，那麼當患者來到眼前時，他們就能及時提供協助與提醒。」

然而糖尿病患者的隱憂還不僅如此，其所引起的眼睛病變就像一把暗藏在黑暗中的弓箭，如影隨形，準備隨時擊射。白內障、青光眼、視力模糊隨時都可能發生，視網膜病變的發生率高達百分之四十，嚴重者甚至會導致失明，糖尿病患者的失明率更是一般人的二十五倍！

有感於此，在東部地區所有醫院的同意之下，風險移撥款也將部分經費用來執行眼底鏡的巡迴醫療。葉日弌直至此時此刻，說話的語氣才逐漸放緩，他進一步解釋，眼底鏡能早期偵測與篩檢糖尿病患的眼部病變，無疑也是一股守護糖尿病患者的力量。

「這三年來，主要負責這項工作的是門諾醫院的副院長許明木醫師。」談起這位熱心的好

門諾醫院副院長許明木深入偏鄉，為糖尿病患者做眼底鏡檢查已有二十多年了。

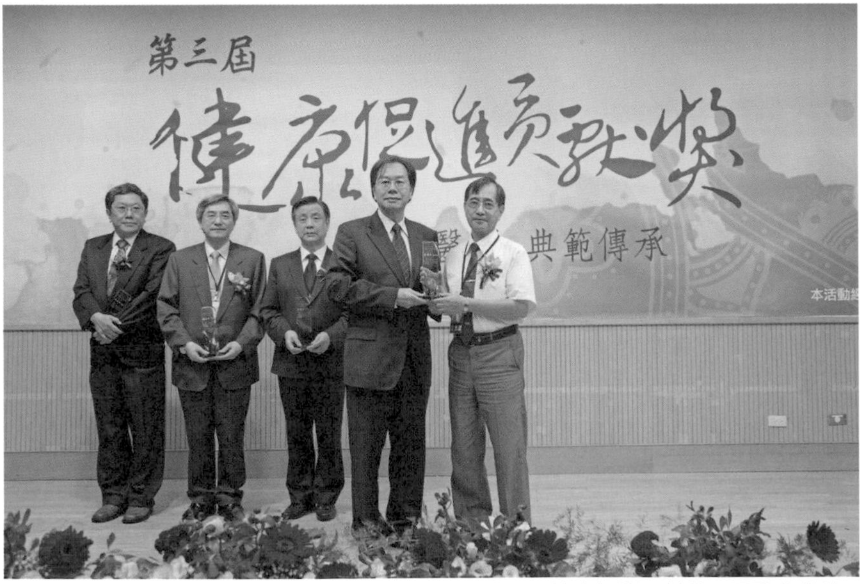

許明木醫師守護糖尿病患者的力量，也讓他獲得第三屆健康促進貢獻獎，是醫療典範。

伙伴，葉日弌的眼裡堆滿了笑意與敬佩，「但早在有風險移撥款之前，這件事情許副院長就已經做了二十年了！」

風險移撥款的款項並不多，頂多只能增加一些服務的範圍與次數，葉日弌笑言，或許這麼做的成效只是杯水車薪，但至少這件事情是正在進行式，而非腦海裡無法幻化為真實的藍圖。

「也至少，在花東地區，願意這麼做的團隊還是有的。」葉日弌坦言，即使有款項的支持與鼓勵，但另一方面無疑也是往醫療團隊的肩上再添上更多的重量，辛苦與辛勞在所難免，可貴的是，這分熱忱的心猶如初昇的朝陽，將光與熱照耀在東部大地的每一吋土地上。

第二部　醫療科技力

第九章 ▼ 啟動遠距醫療

★致敬——第一屆個人醫療奉獻獎得主林正忠醫師（臺東縣海端鄉衛生所）

他當上醫生的第一天，遇到的第一位病人是被蛇給咬傷送來急救的，林正忠按捺內心的慌亂，做了基本處理之後，就急忙忙的在書架上抽下一本書跑到廁所把自己關起來，在瓦數不足的昏暗燈光下，他努力翻著書頁，尋找有關毒蛇咬傷的治療方法。

學校沒有教，林正忠也沒學過，直到遇到患者才急著搬救兵，得幸的是，人命救回來了，但這個經驗也讓他立下決心，要好好的專精所長。

起初他在衛生所任職，這裡的工作包羅萬象，除了診療看病，同時也得肩負預防接種、衛教宣導、疫苗接種以及傳染病防治等業務，甚至當病人因為病重難以前往衛生所就診時，醫療團隊還得隨時往診。然而偏遠山區的衛生所人力始終是不足的，在地處偏遠的海端鄉衛生所服務的林正忠不斷的想，該怎麼讓醫療的距離縮短？

「通訊醫療或許可行！」在電腦與網路都不普及的年代，林正忠將所有對未來的美好全都寄望在當時堪數最先進的傳真機上，「如果我們能在距離衛生所最遠的村落放一台傳真機，並在那裡增設一名護理師，那麼就可以藉由電話問診、以傳真機將開立的處方傳真過去，讓護理師可以在那裡就近配藥。」

但最後，這個美好的計畫還是宣告失敗了，傳真機的經費勉強尚仍籌措，但要找一名願意上山服務的護理師，卻是難上加難。

偏鄉的醫療苦楚，在林正忠的心裡始終像個巨大的黑洞，當「遠距醫療」發想沒能來得及等到天時、地利、人和之際，他就從海端鄉衛生所被調往蘭嶼任職，也在此時，他開始有所行動——與另一名醫師好友針對蘭嶼在地的風俗與民族習性，寫下《蘭嶼鄉衛生所醫療保健現況與策略》，這份報告書也成為此後蘭嶼成立群體醫療中心的參考核心。

對於花蓮與臺東的評價，很多時候是正反兩極的，有人會說這裡山明水秀，但有有人形容這裡是一片窮山惡水，花蓮慈濟醫院院長林欣榮則說，在這個狹長的地域裡，更是美麗與哀愁同時存在的矛盾之處。

語氣裡沒有褒貶，只有長年在當地居住與工作所繪出的真實輪廓，身為一名醫者，他看見的哀愁是因為山高水遠所產生的距離所催生出醫療不便捷的哀歌，但他同時也在這些淒涼的歌曲中，發現令人為之動容的旋律，「你如果在這裡待久了，會很感動。」

盈盈的笑容是林欣榮的招牌表情，但這一回他的笑容裡添加了更多正向的情緒，「從很久以前開始，就有人看見這裡的哀愁，試圖要用自己的力量幫助這裡的人。」

身為慈濟家庭的一分子，他先是談起慈濟基金會的證嚴法師——從一次次的慈善行動中，看見貧與病之間不可分割的連結，於是有了後續開辦義診所、創建慈濟醫院，甚至在花蓮籌辦護校與醫學院，進一步培育醫療人才。

同時也身任臺灣醫院協會東區分會主任委員的他，視野並不侷限，他也感佩著距離花蓮慈濟醫院約十分鐘車程外的門諾醫院在很早之前，就投入象徵著先進的醫療在這一塊土地上。

筆者的採訪腳步轉往門諾醫院，雖然和花蓮慈濟醫院分屬不同信仰，但醫院的

花蓮慈濟醫院院長林欣榮。

氛圍都是相同的，親切、溫暖也陽光，相同的，還有門諾醫院院長吳鏘亮與林欣榮的氣質，他們都有著徐徐的笑容以及溫和的脾氣。

「在這片土地上，巡迴醫療很早就已經開始了。」一開口，吳鏘亮語氣清和，以極為輕快的語調描述一九四八年一支由醫護人員、傳道人員以及翻譯員所組成的隊伍，開始在臺灣東部地區的山區部落進行巡迴醫療的種種，「他們六七個人就開著一輛改裝的美國軍用卡車，上面載著一些罐頭以及牛奶等補給品，還有眾多可貴的藥物，看見有需求部落就停下來開始替居民診療看病。」

吳鏘亮口中的這支隊伍，即是門諾醫院的前身。

在空間溫馨的院長室裡，吳鏘亮沒有任何拘束，說起故事來，有更多的坦白。

門諾醫院院長吳鏘亮。

「在東部經營醫院，基本上是不賺錢的。」身為一院之長，很多時候，他總在會計室送來每個月財報時深鎖眉頭，他坦言一年之中偶有幾個赤字的月份，「但我們只能硬著頭皮繼續經營，不然這裡的病人該怎麼辦？」

吳鏘亮的輕聲嘆息中擺盪著複雜的情緒，有無奈，還有奉獻，談起東部地區十七家醫院，他認為大家都是一樣辛苦的。

進一步分析，這十七家醫院除了公家醫院之外，其餘的私人醫院幾乎都是宗教醫院，多年來，沒有宗教與支援的私人醫院，早在過去幾年間就已經紛紛被迫熄燈；而宗教醫院雖然有後盾，但威脅始終都在最明亮之處恐嚇著他們，營運上自然也是不輕鬆，「是信仰的力量在支撐著我們不能離開。」

山高水遠，由網路串連

翻開地圖，東部地區十七家醫院幾乎都設立在平原地區，與山地部落的距離仍然遙遠，有交通支援的山地民眾，辛苦點還能自行駕車下山就醫，但有更多的老人家，幾乎只能在疾病的侵襲下坐困愁城。

「因此巡迴醫療的部分，我們並沒有因為蓋了醫院而中斷。」吳鏘亮的這番話語。同樣也在林欣榮的辦公室裡以相去不遠的字句再重複一次，林欣榮說：「我們除了在醫院裡服務病人，同時也想盡辦法，盡可能的解決山區居民就醫不便的問題。」

為了讓偏鄉地區享有健康平權的，東部各家醫院各自投入人力與設備，持續將醫療送上山；而身為科技界、同時也是在地人的慈濟醫療財團法人執行長辦公室專員陳俊勳也早早就參與其中，期待運用自己所長，為家鄉妝點名為改變的色彩。

西元二〇〇〇年左右，網路與電腦雖然剛在起步，但對陳俊勳而言，那是科技百花齊放的年代，網路與電腦的應用為各行各業帶來了便利，象徵使捷的種子同樣也不例外的降落在醫療院所之中，「當時很多醫院都已經擺脫手寫病歷了，醫生可以直接在電腦

慈濟醫療法人執行長林俊龍（右三）支持將資通訊科技帶入偏鄉巡迴醫療。

上看病歷。」

然而若風吹得不夠遠，種子就無法遍地開花。一回陳俊勳在山區執行計畫時，偶遇門諾醫院的巡迴醫療團隊，這一碰面，眼前的畫面讓陳俊勳不由得大感意外，「巡迴醫療隊不過也才幾個人，他們除了要扛醫療設備、載運沉重的藥箱，甚至還得拉著厚厚的一疊病歷才能出門！」

陳俊勳內心的衝擊猶如對望著一列迎面而來、逐漸脫軌的加速列車，他想往旁邊跳開，但又想奮力一搏，讓列車重新回到軌道上。

於是擅於撰寫計畫的他回到家後，展開了沒日沒夜的書寫作業，在一段不算長的日子之後，完成一份完整的計畫書，陳俊勳的野心不小，他將這份計畫書遞向了世界最大的半導體公司，期待對方能通過經費與設備

在花蓮心蓮病房最早透過安寧療護遠距整合性照護服務平台讓末期病人可以住在家裡。

的核撥。

「當時這家公司剛推出筆記型電腦，我的提案寫著要結合他們的筆電，並且在山區加裝無線網路，這樣巡迴醫療團隊就能將病歷從網路上抓下來，無須再拖著笨重的紙本上山。」陳俊勳因為那短短的相會而產生的這一念，產生了無與倫比的力量，不僅很快就獲得該公司的正面回應，對方甚至感動的對他說：「這份計畫書把我們想傳遞的行動服務概念，發揮得淋漓盡致！」

這個計畫不僅成為該公司亞太區當年度的示範計畫，而後執行的效果更吸引了中央政府單位的目光，希望陳俊勳可以將這個計畫擴展到整個東部地區有需要之處，經費預算以億為單位。

遠距醫療，讓照護就在身邊

陳俊勳回想起這段過往，臉上的笑容有些感慨，想起國中畢業就離開家鄉，邊念補校，邊在鐵工廠上班，而後去到了臺北找了份輪三班的電腦工作操作員工作，這才陰錯陽差的接觸到程式撰寫。

「結果竟然就寫出了上億元的計畫！對於這個結果，我自己也是意想不到。」甩甩頭，陳俊動力圖將過往學識不足的自己拋諸腦後，重振起精神後，他決定將回憶拉回能對故鄉奉獻所長的之後，「我回到東部之後，所做的計畫大多都是與網路、與醫療相關，二〇一三年在慈濟做的居家雲端照護平台也是如此。」

隨著時代的演進與科技技術的進展，送醫療上山已經不再單純只是將人力送往山區，早在二〇一三年，花蓮慈濟醫院就嘗試著運用科技的魅力，附加在醫療的本質上，於是以「遠距醫療」為概念的服務網因應而生，而服務安寧病患更是至關重要的起點。

當時長期投入安寧關懷的心蓮病房主任王英偉看見了需求。他發現，安寧的觀念逐漸普及之後，心蓮病房變得一床難求，另一方面有些久病難癒的病人到了生命的最後，反而希望能夠回到最熟悉的環境，與最親近的人度過生命最後的時光。然而迫於身體對醫療的依賴，這些病人想回家卻又不敢回家，就怕家人因為醫療知識不足難以扛起照護重責。

「家裡沒有儀器設備，也不知道有狀況可以找誰幫忙，更別說許多照顧病人的外籍看護還有語言不通的問題。」王英偉的看見，陳俊動將之變為實踐的機會，他開始著手設計一套「安寧療護遠距整合性照護服務平台」，以末期病人、照顧者以及醫療團隊為中心，將供與需藉由便捷的網路進行整合。

花蓮慈濟醫院提供居家療護的病人一套能測量血壓、血糖、心跳以及血氧的生理監測系統，此系統能自動將監測得知的數據上傳雲端，如果數值有異常，還會自動警示通知院方的醫護團隊；而在醫院病房的醫護同仁，也將提供如在醫院般二十四小時無休的服務，只要病人與家屬有需求，就能透過電腦、平板或是智慧型手機進行視訊溝通。

居家雲端照護平台從開發到執行，總計歷經三年的時間，陳俊勳表示，三年的時間看似很長，但系統建置之後卻發揮了原本也意想不到的效益。

「醫院端平均一年可以服務一百名相關個案，甚至連原本不太願意收治末期病人的機構也逐漸擴大開放收治。」陳俊勳表示，只要病人有任何問題，無論是發燒或是傷口照顧，都可以透過遠端視訊尋求醫院端的協助。

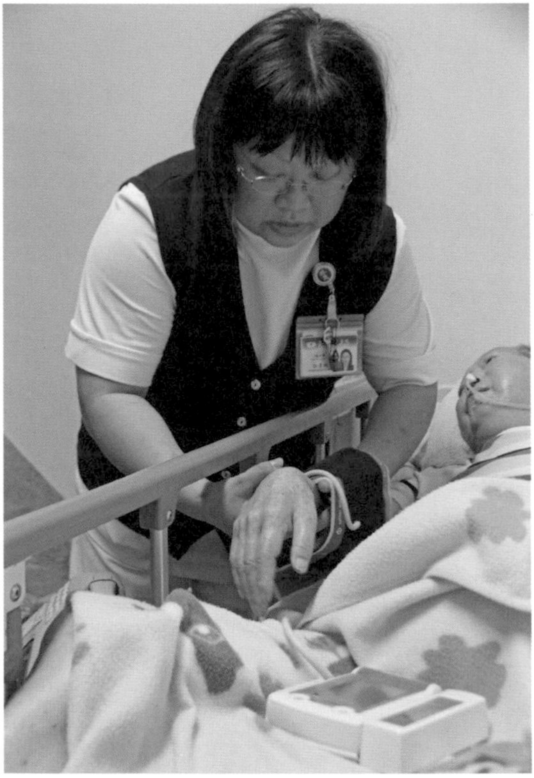
居家雲端照護平台的建置，讓病人在機構也不用太擔心，因為可以隨時向醫療團隊諮詢。

「說白一點，即使病人在家或是在機構也不用太擔心，彷彿有一支醫療團隊就在他身邊。」陳俊勳的笑容裡早已不見當年那個因為書讀得不多而自卑的自己，朗朗的笑意中散發出名為自信的微粒。

他是該自信的，這套以雲端科技提供高品質及高可近性的末期病患居家照顧計畫從花蓮慈濟醫院試辦展開，爾後也輔導大林慈濟醫院與台東聖母醫院執行，並獲得醫策會第十五屆醫療品質獎智慧醫療類的肯定。

這次的成就也讓陳俊勳體悟到，透過科技與網路的協助，遠距醫療足以突破傳統上各種的不可能，也能創造更多的服務的方式。過往他曾因為科技的不夠人性而陷入掙扎，如今他形容自己像是自廢全身武功並重新來過的武術家，看見了資通科技與人性結合的可能。

「我有個心願。」訪談到了最後，問陳俊勳未來可還有其他想要執行的計畫，他直言，原本父親過世之後，他不止一次想著自己是否該從職場上退下，但看得愈多，卻發現能做的事情實在做不完。身為一名科技人，理性始終大於感性，他深知自己終有停下來的一天，但還不是現在。

「我有個心願。」閉上眼，他任由自己回到那個地處監獄旁的老家，看著父親過世後那片缺乏整理的園地，早已經因為土壤貧瘠而種不出任何足以溫飽家人的糧食，一如他幾年前回來時，也看不見在地人還能否懷持著人生美夢。再睜開眼，他的眼底不僅沒有過往那個卑微的自己，反而閃耀著嘗試挑戰的光芒，「我希望未來出生在這裡的孩子，不用再跟我當年一樣，走上那條漫長的回家路。」

第十章 ▼ 遠距看診

★致敬——第二十二屆個人醫療奉獻獎得主鄭俊良醫師（臺東縣長濱鄉衛生所）

從小他就跟著開診所的爸爸到山區鄉鎮為當地居民看診，小小的身子跟著父親跋山涉水，鄭俊良從不在乎汗水淋漓，也不畏路途奔波，反而承襲著榮獲第二屆醫療奉獻獎父親的宅心仁厚，看見了當地的需求——山上沒有牙醫！

成年後的鄭俊良走上從醫之路，專精牙科，並將兒時的看見幻化為實際行動，他開始走訪偏鄉，為山村的居民與孩子看牙，為了能服務到更多的孩子，他甚至深入校園，有時候看不完，索性在學校的保健室就著簡易的病床睡下。

孩子們看見他會一擁而上，見他要離開，還會懇求的請他留下來替他們拔完牙再走。拔牙的痛苦難耐，一般而言總讓孩子對牙醫師避而遠之，但那些孩子滿嘴蛀牙、化膿，比起拔牙的痛，不拔更痛。

鄭俊良的這分不捨促使著他在巡迴醫療上更為積極，有時看牙看到半夜，擔心夜色太晚，下山會有危險，但又臨時照不到地方棲身，那輛滿載著洗牙機、高速磨牙機、高壓消毒鍋、鹵素光機等機械設備的車子，就是他最好的過夜所在。

他不止一次的問自己：「還有哪些地方需要我？我還可以怎麼來幫助這些孩子？」也不止一次的擔心著：「如果哪天我退休之後，誰能來偏鄉服務這群人？」

他知道，在這些山高水遠之地，需求的人永遠都在，但願意走到這裡來的人，卻不多。

IDS計畫執行多年之後，身處協助第一線醫護同仁能順利執行任務的花蓮慈濟醫院醫事室同仁心裡的感受，一如鄭俊良深埋內心的憂慮，他們發現，有需求的病人太多，但是能提供服務的醫生卻遠遠不足。

因此當二〇一三年花蓮慈濟醫院為了讓安寧病人能安心回家所推出的「居家雲端照護平台」在執行幾年之後，終能整合出一份足以令人安慰的數據與成果，他們終於能將心情放輕鬆些。數據顯示病人某部分的安寧指標是有進步的，例如再入院率降低。這也鼓勵著他們，遠距醫療的方向是對的。

一個醞釀許久的念頭逐漸成形，那並非是以迅雷不及掩耳的速度狂暴降臨，反倒像是經年累月的水滴，不斷往同一個地方滴下所鑿出的大洞，這個大洞裡有足以令人安心的空間，供所有在山間迷失方向的遊子得以暫時避難。

他們揣想著，倘若能夠在偏鄉地區實現遠距醫療，那麼多數的輕症病人就不必忍受車程奔波來到醫院，在當地的衛生所或衛生室就能獲得醫學中心的診治。

遠距醫療對花蓮慈濟醫院而言，永遠都是一個不會被突然醒來所震碎的夢，他們知道，終有一天這個夢想一定會實現。讓他們堅定此想的，是來自一個個發生在眼前的愁苦。

醫事室專員褚惠瑛舉的案例只是其中之一，「有時候病人來回診，花了兩三個鐘頭、上千塊的交通費，卻可能只是為了拿一罐眼藥水而已。」

懸崖的一邊有可能是一片蔚藍海洋，但也可能是深不見底的山谷，遠距醫療雖然有明顯的數據顯示可行，然而現實面的法規與給付條件有種種跨不過的限制，猶如種族隔離年代的黑與白，橫亙著一條看不見卻也越不過的界線。

耐心等候法規放寬

回頭察看花蓮慈濟醫院的國際醫療史，早在二〇〇三年為菲律賓連體嬰進行分割手術開始，全球各地艱困難解的醫療個案開始紛至沓來，無論是罕見遺傳性腦神經系統退化疾病、巨大型齒堊質瘤、惡性皮膚纖維瘤、顱咽瘤等，都在醫護團隊的細心呵護與專業醫治之下，重獲安康身軀。

然而這些國際個案在來臺前，頂多也只能接受「遠距諮詢」，透過遠端連線視訊的方式，花蓮慈濟醫院醫護團隊得以先瞭解病人的病情，評估是否有信心能進行治療，一切完備之後，再請病患來台接受醫治。

問褚惠瑛遠距諮詢與遠距醫療有何不同，她給出的分析雖然簡短，卻相當明確，「諮詢只能提供意見與看法，但不得有任何的醫療行為，包含看診、給藥，病人有什麼問題可以問醫生，但要治療或是拿藥，還是要回到醫院來。」

受限法規的限制，想實現遠距醫療的夢想變得寸步難行，但幸運的是，時代的進展沒有讓這個夢想被埋近百年大樹的年輪之中。

隨著時代的轉變，法令不斷釋出修正的善意，擬定更多人性化的設想，二〇一八年五月十一日，衛生福利部公布了《通訊診察治療辦法》，開放如山地、偏遠地區，並符合一定條件的病患，得以就近在當地醫師的陪同之下，透過遠距醫療的方式「隔空」取得醫院端醫師的診療方針與用藥調劑。

《通訊診察治療辦法》的公布開啟了各醫院對遠距醫療的想像，雖然限制繁多，但對某些偏遠地區民眾而言，無疑也是開通了一條便捷的救命管道。

於是醫事室著手進行盤點，透過田野調查瞭解偏鄉地區最缺乏的專科醫師是哪幾個科別，期待在一開始，就帶入居民最迫切需要的專科。調查的結果不多久就出爐了，眼科、皮膚科以及耳鼻喉科等專科醫師最為不足，大多都在醫院裡才能得見，一般地區診所幾乎沒有。

「要說全花東一家診所也沒有是不可能的。但診所跟醫院一樣，大多集中在平地，山區間難以尋覓。」褚惠瑛以秀林鄉舉例說明，「秀林鄉的診所幾乎都在平地，也就是說占整個鄉三分之二的山地地區是找不到診所的。」

花蓮慈濟醫院副院長，同時也是耳鼻喉科主治醫師的陳培榕在花蓮服

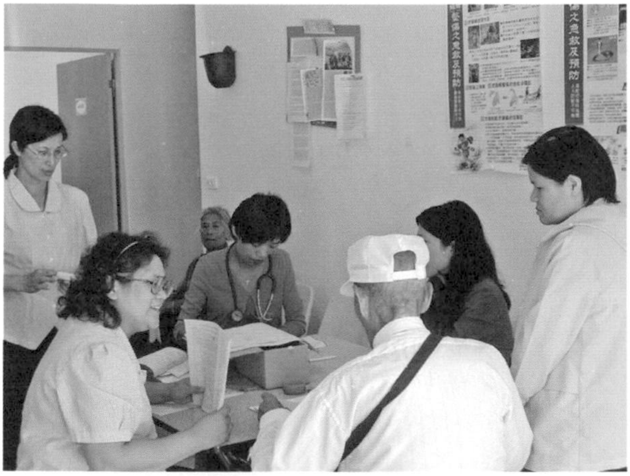

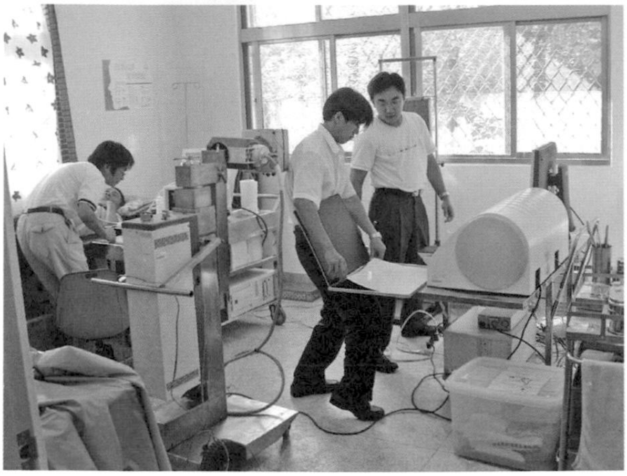

務數十年來，幾乎可以明確的數出花東地區耳鼻喉科的家數，「像是玉里那裡，方圓兩百公里才一家耳鼻喉科診所，西部的人一定很難想像，但這就是花東的困境。」

問陳培榕，何以專科醫師不願在遠離市區的地方開立診所？陳培榕對於這個問題，試圖找出一個周全的解答，並盡可能的保持中庸之道。

「很多現實的考量，第一個就是家庭。」他坦言，在山區單就孩子的教育上就會面臨到困難，就他所知，就有醫師獨自在關山工作，太太則帶著孩子到花蓮市區讀書。

身為在花東地區難能可見的耳鼻喉科醫師，陳培榕除了在花蓮慈濟醫院看診，為了服務更偏遠地區的民眾，二十幾年來每週不辭辛勞到玉里慈濟醫院支援，但他深知，能夠散播的能量依舊是相當有限的，因此當遠距醫療的想法一被提出，他沒有理由不舉雙手贊成。

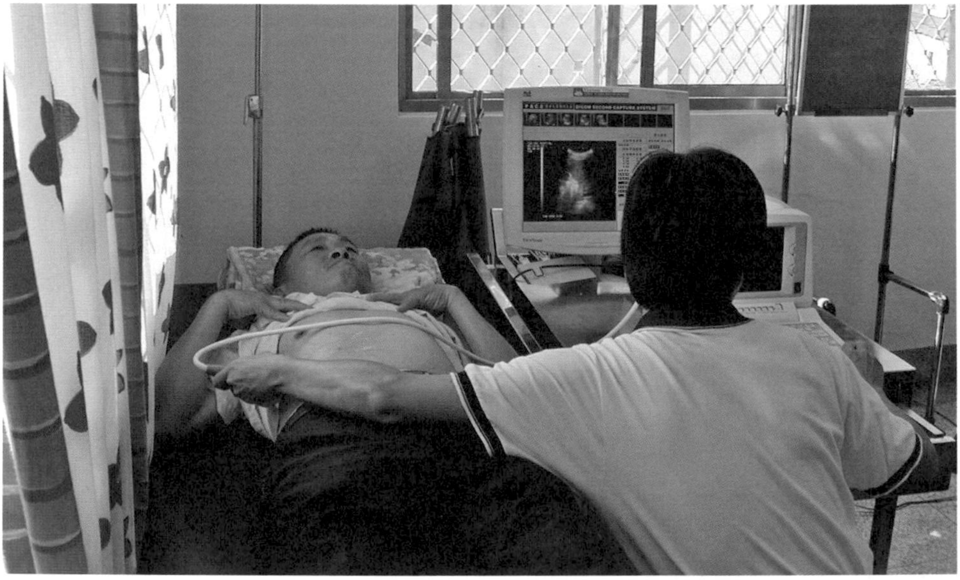

帶著儀器，醫師就可走進病人的家中做檢查。

醫師全力支援，遠端看診不是夢

遠距醫療立意雖然良好，但仍有重重阻礙需要一一突破，他們首先面對到的，就是給付問題。

「二〇二一年是遠距醫療健保給付元年，也就是說在這之前，健保只給付病人所處的啟動端，至於醫院這方的遠距端醫師，則沒有任何給付。」褚惠瑛嘆了口氣，直白的表示如果沒有給付的支持，醫院端的醫師等於是在做白工，誘因不大，仰賴願意做功德的心既不公平，能量也不會充沛，但要二〇一八年就想執行遠距醫療的他們苦等到二〇二一年，這三年的時間，該有多少病人因為等不到醫療資源而白白受苦？想來就覺得漫長。

唯有將包裹著糖果的紙撕去，才能有機會覓得一縷芳甜。此時此刻，臺東縣衛生局站出來大力支持，提供一筆基金，期待能吸引醫院端為臺東十一鄉鎮的偏遠社區提供眼科、皮膚科以及耳鼻喉科的遠距醫療。

方法有了，經費到位了，緊接而來的就是要找到願意開遠距門診的醫師。

褚惠瑛計算過，病人與醫師面對面的問診，大約需要十分鐘的時間，然而遠距問診，得透過兩端醫師的聯合詢問、討論，並且透過各種影像協助判別，平均一名患者就得花上三十分鐘的時間，論時間成本並不划算，因此即使有補助津貼，醫生也不見得有更多投入的意願。

靈魂雖然輕盈，但所能承載的重量卻是出乎意料之外，褚惠瑛笑言，自己很幸運能遇見這樣高貴的靈魂。

「我們醫院的醫師都很幫忙。」談起跟各科醫師接洽的那段時日，褚惠瑛字句間都是感謝，「尤其我們陳培榕副院長本身就是耳鼻喉科，也是統籌門診的人，聽到我們的請託，馬上就說這是很重要的事情，一定全力配合！」

除了副院長的全力支持，花蓮慈濟醫院長年來也有不少醫師必須支援玉里慈濟醫院與關山慈濟醫院，對於偏鄉醫療甚為熟悉，也相當有熱忱，因此也都當仁不讓的承接起如此任務。

五官鏡研發，助判讀更仔細

笑稱當時猶如天助，天時、地利與人和樣樣不缺，但褚惠瑛與醫事室同仁深知，距離萬事俱全，還有最後一哩路尚未鋪整。

「遠距最關鍵的就是網路，我們在做IDS計畫時，光是為了從電腦把病歷拉出來，常常在到處找天線。」山上收訊問題，始終是遠距醫療最難以突破的一環，除此之外，還得結合資通訊將數據上傳，褚惠瑛表示在詢問多加廠商之後，才決定與國內三大通訊商之一合作，「他們也認為值得投資，因此特地在我們試辦的地點架設5G網路，資通訊的部分也結合得很完整。」

此外，為了改善手機拍照時常拍不清楚的痛點，更進一步研發手持五官鏡，包含眼底鏡、耳鏡、皮膚鏡以及一般觀察鏡，由衛生所的醫護先幫病人進行拍攝，連線之後就可以將這些專業的影像傳給醫院的醫師進行判斷與解讀。

「其實衛生所原本也有半移動式的，就是將所有的機器架設在一部車子上。」褚惠瑛表示，這樣的設備在衛生所使用還算可行，但若是要帶出到病人家中，就相當不便，「我們的手持式五官鏡不僅輕巧，拍攝也更清楚。」

當時為了學習這套新設備，衛生所的醫護還得接受特別訓練，其中眼底鏡較難操作，甚至得花上一個月的反覆練習，才得到醫院這端醫師的認可。

訓練期間，陳培榕不僅關心遠距醫療的進行，甚至還將耳鏡的使用功能擴大，利用耳鏡照鼻腔，如此創想不僅拓寬工具的功能性，也讓衛生所端可以進行更多的檢查。

隨著遠距醫療漸上軌道，陳培榕內心就像美麗的煙花，每個小火光都閃爍著激動，然而他

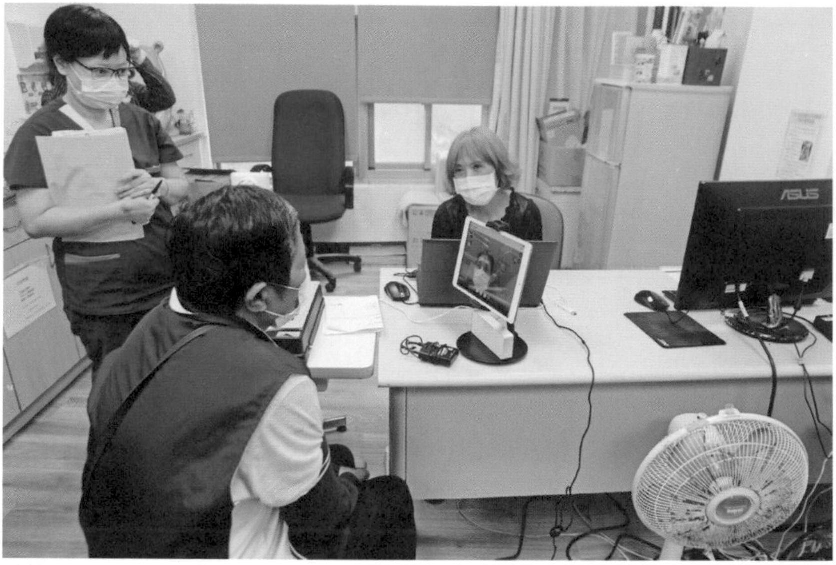

秀林鄉衛生所田惠文主任（右一）讓病人經由視訊可以直接讓花蓮慈濟醫院眼科醫師邱正仁看診。

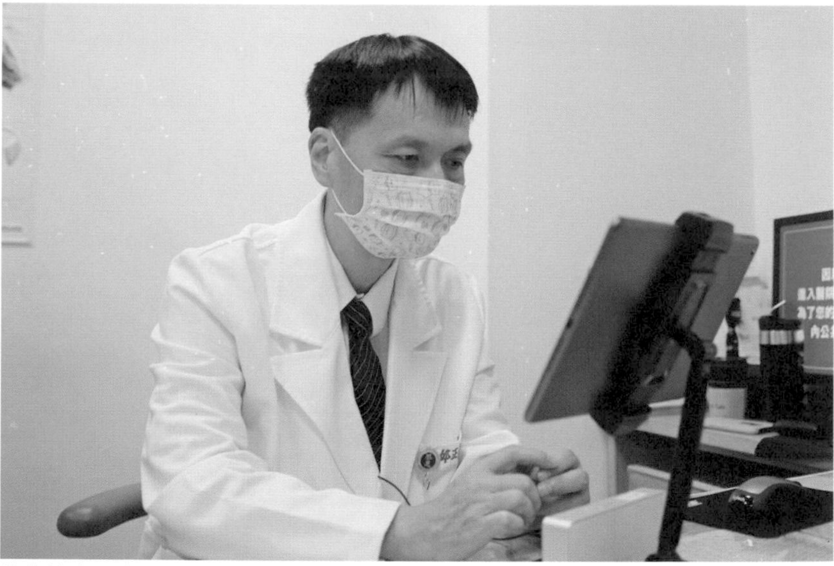

花蓮慈濟醫院眼科邱正仁醫師，透過平板看病人。

也坦言，並非所有科別都能上限，「像眼科、耳鼻喉科以及皮膚科，都是可以『看圖問診』的科別，但如果是身心科就沒有辦法了。」

自二〇一九年五月開通遠距問診之後，直至當年十二月底，總計服務超過五百名患者，其中一名口腔癌的患者最令眾人印象深刻。

病人沒有明顯的病徵，但透過五官鏡的精細畫面，即使在鏡頭這一端的院內醫師，也隱隱感到情勢不對。

「我們的醫師於是請病人回來做進一步檢查。」飽滿著褚惠瑛話語的情緒，是佩服，「結果確診是零期的口腔癌！還好發現的快。」

一切看似漸上軌道，然而眾人滿腔熱血的內心，卻總隱隱不安著——現在有臺東縣衛生局爭取的經費支撐著，那明年呢？後年呢？基金可能隨時都會面臨斷糧，如此缺口又該從何補上？

因此當二〇一九年風險移撥款開始運作，並確保年年都有時，醫事室同仁雀躍極了。褚惠瑛笑言，風險移撥款明訂無法用來添購設備，但是可以用來補助一些健保沒有給付的款項，「這麼一來，我們就可以用來補助遠距端，提升醫院醫師開遠距門診的意願。」

問褚惠瑛，醫院滿腔熱忱，幾年下來，當地民眾的回饋呢？

這個問題，她沒有正面的回應好還是不好，反而說起前一陣子帶著醫師上山的情景。

「我們想，為了讓當地的醫護可以更熟悉電腦這一端的醫師，並讓他們面對面談談怎麼樣才能提升遠距看診的品質，所以就找了個醫師比較得空的時間，帶醫生上山去跟他們認識一下。」褚惠瑛永遠忘不了當他們停妥車子，打開車門時所看見的景象，「他們竟然早早就拉著紅布條，興奮的在等著我們了！」

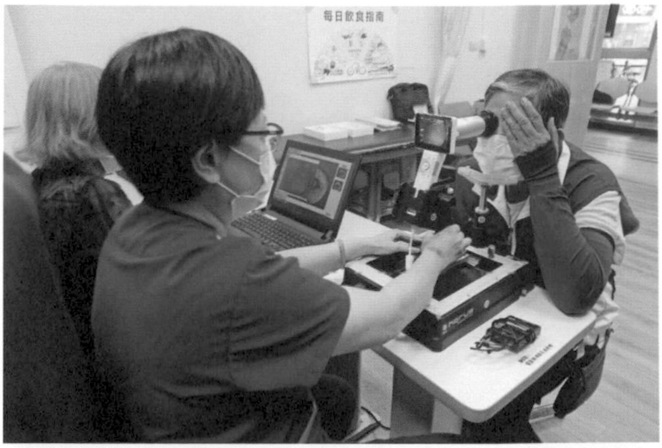

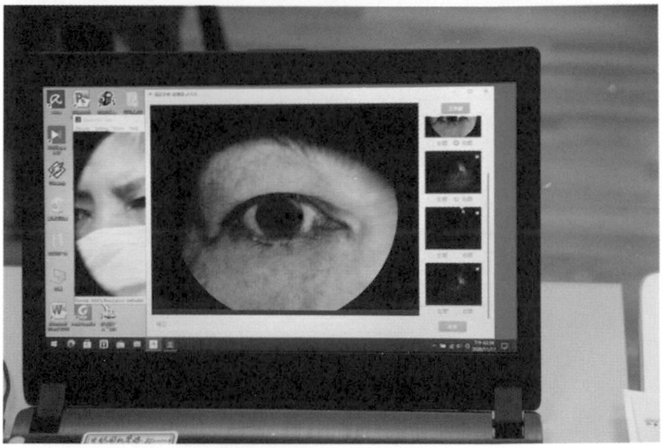

第十一章 ▼ 難以癒合的痛

★致敬——第七屆個人醫療奉獻獎得主施桂蘭（Gladys Siebert）護理師（門諾醫院）

這已經是今天的第幾台刀？剛從手術室走出來的施桂蘭早已經沒有氣力在去細數了，她的身體已經超過負荷，但再過一會兒，另一台手術即將開始，她沒有時間沉浸在自己的提問裡，趁著這個短暫的空檔，她得為空盪一整天的肚子塞點足以提供熱量的食物進去。

她在自己的座位上坐了下來，眼前從午餐時間放到現在的飯菜早該冰冷，但她眼前卻升起熱騰騰的薄煙。一旁的同事與她相視而笑，督促著她快點用餐，「你每次都忙到吃冷掉的飯菜，這樣不行，我們重新再幫你加熱過。」

同事的貼心好意，她回以真誠的一笑，但下一刻她不由得拿起身旁的冷水，往剛熱好的飯菜淋上去……取而代之的是歉意，她不好意思的跟同事說：「謝謝你們，可是手術要開始了，冷掉的飯菜才能吃得快。」

她是院內唯一一位合格的麻醉師，在那一個肺結核橫行而且沒有特效藥治療的年代，門諾醫院收治的肺結核患者並不少，手術一台接著一台，她沒有任何可以耽擱的時間。

過往開刀房的護理人員只能憑感覺施以麻醉，有時若劑量不夠，病人隨時都可能在手術的過程中痛得醒過來。有感於此，施桂蘭於是立即啟程回到美國，接受麻醉技術的訓練。

除此之外，她也將父親過世後留給自己的遺產，全數拿來添置新式麻醉機；得知自己罹患癌症，不得不返美接受治療時，也在離開臺灣前將身邊的積蓄全數捐給醫院；過世前還特別交代家人，要將所有的財產捐回門諾醫院。

她將一生的愛，奉獻給這座距離故鄉甚遠的島嶼，奉獻給花蓮，奉獻給她認識與不認識的病人們，因為她曾誓言，這一生她必須以醫療所長奉獻人群。

施桂蘭深知，與時俱進的技術與儀器能替病人帶來的希望，如同上帝給予的恩典，她不願也不想讓眼前可貴的生命承擔不必要的風險。對於花蓮慈濟醫院傷口造口護理師許美玉而言，當年選擇投身傷口照護的自己，心境同樣也相去不遠。

所有苦痛的交會，都有理由，也有牽扯，只消細細觀察，就能在看似不可能交錯的地方，找到一方死結。

許美玉有著一雙銳利的眼神，很多時候，她在患者的傷口上看見的不只有血與肉而已，「很多傷口其實是伴隨著疾病一起發生的。很多慢性病的患者，大家可能只是看見他的疾病，但卻沒想到他身上出現的那個傷口可能會跟著他一輩子。」

出生於屏東的許美玉，在父親的期許之下，北上花蓮就讀護專，從踏上這青山綠水開始，她一步一步的追尋著護理的知識，也探索著東部地區的醫療需求。過程中她也一次次深受衝撞——慢性疾病或許不會馬上要了一個人的命，但隨之而來的傷口照顧，卻可能讓人活得生不如死。

傷口造口護理師許美玉。

她看過太多也聽得太多了，有很多人的傷口因為慢性疾病導致難以癒合，那些苦無辦法也不被及時解決的傷口，就這麼跟著病人五年、十年，甚至二十年，像極一隻匍匐在皮膚上的野獸，日日齜牙咧嘴的無情啃咬，它沒有耳朵，聽不見哀號，它也沒有同理心，感受不到痛苦。

「這些病患在住院的期間，有專業的人員在照顧他，基本上是沒有什麼太大的問題的。」重重的一聲嘆息，似乎是要一解多年來在臨床上看見的種種無奈，許美玉再開口，滿是不捨、心疼與惋惜，「可是當他們回到家裡，面對這些難以癒合的傷口，他們該怎麼辦？」

傳統照護，傷口難癒合

慢性疾病宛如無期徒刑，只能仰賴藥物與醫療照顧與疾病和平共處，只可惜，很多病人即使積極與醫護配合，也難以有品質的活著，正因為許美玉口中的這些慢性傷口。

長年來的觀察，許美玉發現，由於青壯年人口外移，在東部地區，多數的照顧結構都有問題，「首先是老人照顧老人；再來就算到了機構，機構的人可能也不具備專業的傷口照顧知識；第三，因為居家照服員人數不足，因此家屬可能會請外籍看護照顧，別說語言的隔閡，其實文化上的差異也會反映在醫療照顧上。」

投身護理多年，許美玉見過為數眾多患者的傷口分明在醫院的照顧之下已經趨於穩定，無奈出院之後，因為家中無法銜接傷口照顧，因此傷勢又開始惡化。抬起眼看著筆者，許美玉的黑色瞳孔就像一面破碎的鏡子，「很多病人的家離醫院很遠，不可能有問題就馬上趕回醫院來。」

楚楚哀歌聲聲彈奏，許美玉那碎落一地愁緒還不見盡頭，「過去在處理傷口這部分都是用傳統型的照護方式，大多就是用一些抗生素的藥膏。」

或許很多人，包含專業的醫護而言，傳統型的傷口照護模式是堅定不移的圭臬，但許美玉始終不認為應當如此。

她永遠都記得那張慈祥的臉，還有即使在換藥的痛苦中扭曲了眼鼻，依然極盡溫柔鼓勵著自己的聲線。那已經是二十幾年前的病人了，姓邵，當時才剛從學校畢業的許美玉跟著學姊一起親密的叫他邵伯伯。

邵伯伯的傷口不大，但卻深可見骨，每次在換藥的時候，必須將紗布塞進窄深的傷口中，即使許美玉已經盡可能的放緩動作，輕柔得猶如一隻貓兒在走路，但難免還是會因為擠壓而造成疼痛，邵伯伯那煎熬的神情就像一部哀傷的電影，時常讓她不忍的停下手邊的工作。

「你繼續，我不會痛，沒問題的！」邵伯伯口口聲聲說著不痛，但臉上的汗珠早已出賣了

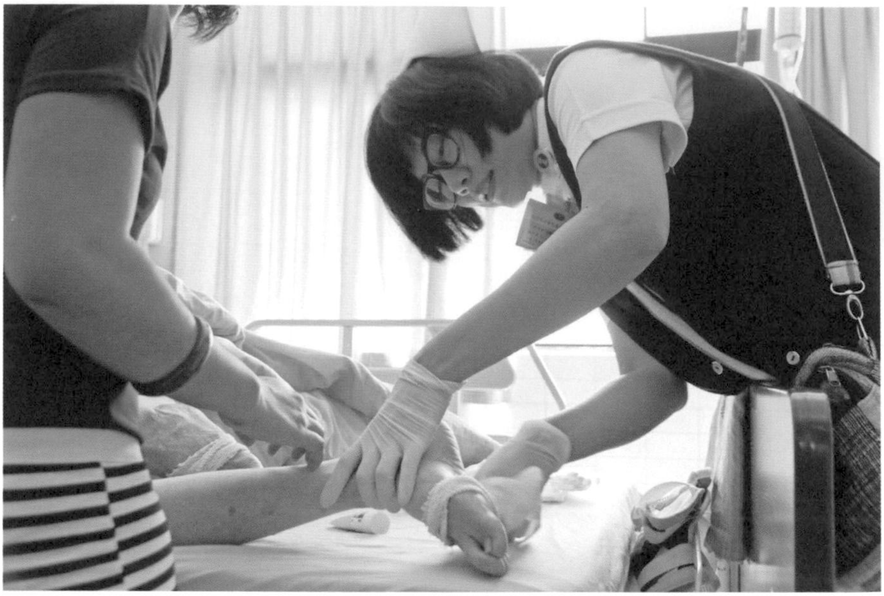

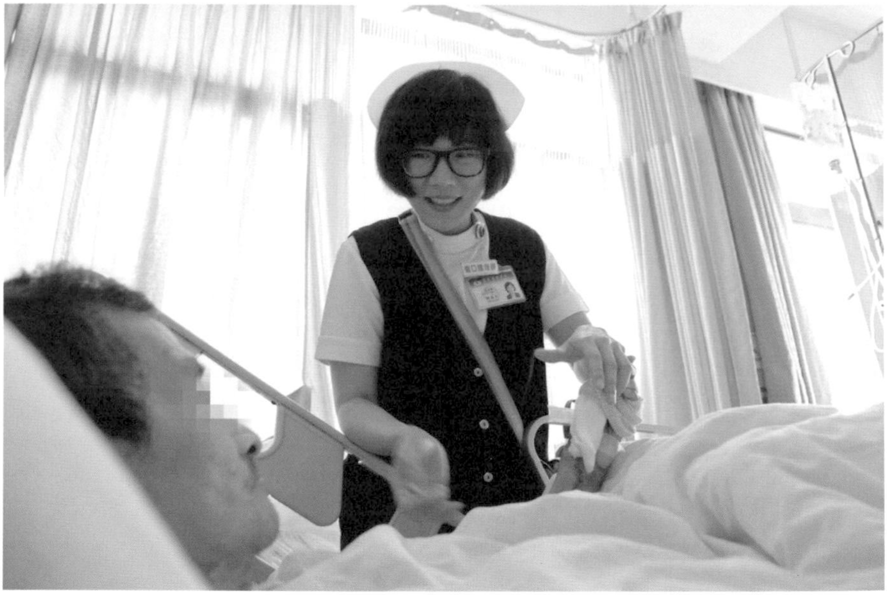

他，但他總會強撐起笑容，鼓勵著許美玉：「你盡量藉由我的身體學習，放膽去做吧！」

這個回憶就像一朵帶刺的玫瑰，既美麗又螫人，也讓許美玉不斷的提醒自己，在傷口照護上必須得精益求精，讓病人少受點罪。

「在學校，我們學的傷口照顧都是傳統型的，但是傷口護理日新月異，可惜這一方面的專業培養卻沒有被廣泛的受到重視。」瞇起眼，許美玉試著從記憶中翻找，將她所知的年代交代清楚。

她還記得臺灣最早有醫院引進傷口照顧約是在一九六八年左右，而她所任職的花蓮慈濟醫院則是在一九九五年，雖然晚了長庚十幾年，但對許美玉而言，自家醫院能看見少能被關注的需求，她心裡滿是感激。

以病為師，強化自身能量

問起花蓮慈濟醫院為何在那個對於新式傷口護理還不普及的年代，就有如此的意識，許美玉嘴角微微揚起，兩方弧度一個直指安慰，另一方則朝向絲絲不捨。

「因為我們在病人身上看見需求。」輕輕的挪動坐姿，要談起距今二十幾年前的回憶並不難，但需要一點時間。在辦公椅中找到舒適的坐姿之後，許美玉才開口繼續講下去，每一句話說來輕如鴻毛，但話語中所拼湊的畫面，卻滿載著沉重，「比方說，我們在急診看見病人送進來，他的身上有很多壓瘡的傷口，傷口裡滿是蟲。」

面對這些照顧不周的傷口，醫護同仁別無它法，只能帶著手套，拿起鑷子，一隻一隻的將蠕動的蟲從傷口處夾出來。在那當下，猙獰的不只是傷口本身，還有病人的臉部表情。

他們同時也在臨床上看見許多因為車禍或中風而被送到醫院來的慢性疾病患者，這一倒下可能大半年身體都動彈不得，「有時候神經外科或骨科把他們的命救回來了，但他們身上的傷口可能要養大半年才會好。」

「這半年，一個有生產力的經濟支柱倒下了，甚至家裡還得要另一個人來照顧他，又或者是花錢請人來照顧他，傷口看似不危及生命，但是養不好，也是一大負擔。」許美玉進一步表示，當病人倒下之後，為了預防感染就必須使用抗生素，「抗生素一用，不能吃也不能喝，病人就開始拉肚子了，糞便跟尿液都是很刺激的，因此病人的會陰部開始有潰瘍，肛門也接著潰爛，這一爛不得了，換藥再也不輕鬆，要先花好長的時間清洗乾淨才能換藥，想想，這一爛，光是尿布、敷料就一大堆，情況愈來愈可怕。」

低下頭，那雙投擲一生為病人操勞的雙手早已不再柔軟如昔，許美玉感嘆著，在臨床第一線的看見，讓她深感自己手上因為學習所磨出的繭還不夠厚，該學的還有很多，「有時候好不容易清洗好、換好藥，結果病人一翻身，又拉出來了……所有的動作又得重新來過。」

臨床照顧就得運用許多人力、心力與時間，許美玉感嘆著反問筆者：「你想想，帶著這樣的傷口回家之後，家人又該如何是好？」

沒等筆者回答，她將疑問接回，用多年來的看見與體悟回答了這個問題，「很多家人在住院時看見這種狀況，更不敢把病人帶回家，於是因為這些傷口，病人住院時間被拉得更長，也衍生出更多的問題。」

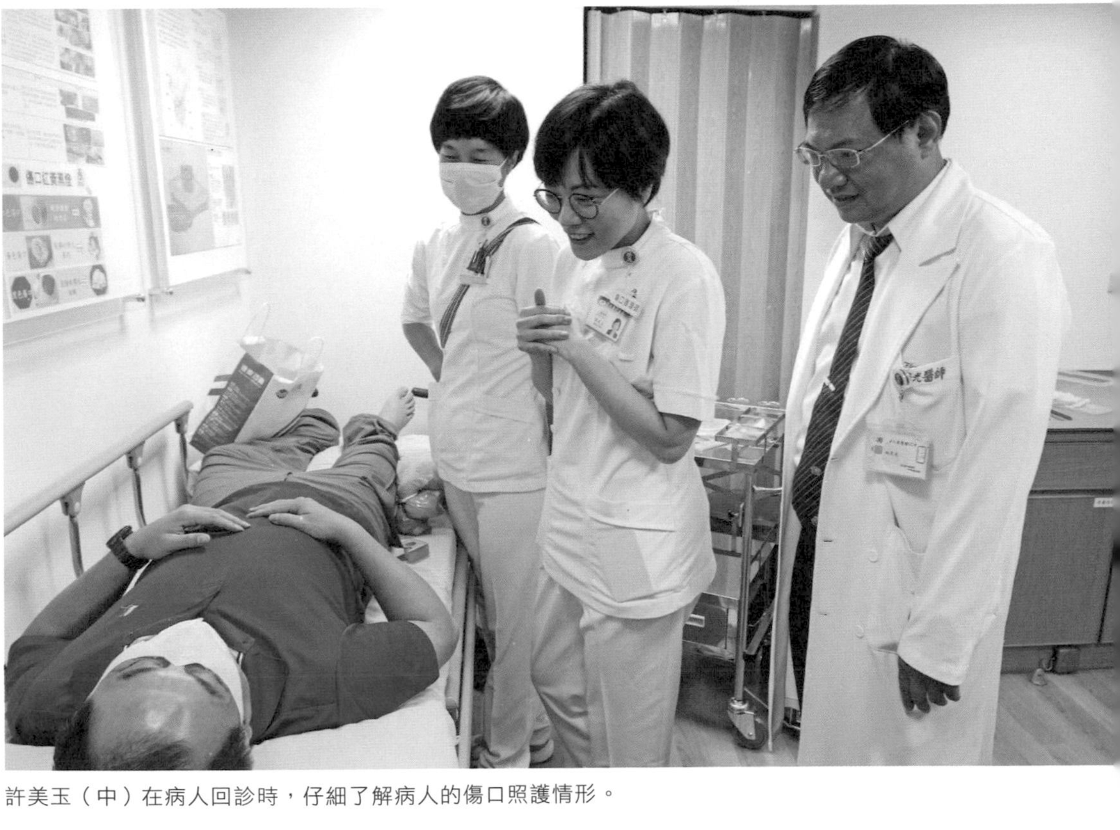

許美玉（中）在病人回診時，仔細了解病人的傷口照護情形。

日新月異，學無止境

病人發出的聲聲悲鳴，一聲一聲的被記載在第一線醫護人員的心田，隨著歲月的積累，成了厚厚的一本教科書。面對這些久臥在床的患者，他們懂得要替他翻身，做適當的減壓，也在營養補給的部分做加強；此外，考量慢性疾病患者的傷口在良好照顧之下，平均要三個月才能癒合，因此除了傳統抗生素的藥膏之外，他們也開始參考文獻，並從國外引進新型敷料，也積極學習新式的專業傷口照護知識。

起初，花蓮慈濟醫院聘請接受過世界造口治療師協會（World Council of Enterostomal Therapists, WCET）訓練課程，並取得國際造口治療師專業認證的老師到醫院來開課，培訓院內醫護人員成為種子教師，許美玉是其中的一員。

除了學習後再將所學傳授出去，許美玉也在二〇〇六年也獲得臺灣傷口造口及失禁護理學會推薦，到韓國國家癌症中心接受世界造口治療師協會（World Council of Enterostomal Therapists, WCET）訓練課程受訓，取得國際造口治療師專業認證。

汲汲營營的學習過程中，讓許美玉更為感嘆，傳統型的傷口照護模式無疑是治標不治本的照顧方式。

她想起邵伯伯，想起那些因為傷口疼痛難耐的患者，想起他們的家人，許美玉閃著一雙堅定的眼神，語氣堅毅的說：「專業的傷口照護知識必須更積極的推廣。」

第十二章 ▼ 遠端呵護

★致敬——第二十六屆個人醫療奉獻獎得主白明忠醫師（台東馬偕紀念醫院）

飛往蘭嶼的飛機並不平穩，尤其在落地的時候，飛機總是因為氣流的關係而抖動不已，坐在飛機上的旅客無不拉緊手把，期待平安落地，白明忠也是。他曾不止一次在飛機落地的時候問自己：「這麼可怕，為什麼我還要來？」

每一次，心底深處的那個聲音說服了自己：「因為我是一個醫生。」

在台東馬偕醫院服務多年，白明忠總是不由得感嘆，東部地區醫護能量竟是如此的匱乏！尤其不少病患住在山上，附近找不到診所，要下山一趟也是路途遙遙，因此除非病況嚴重，否則大多能忍則忍。

每一次當遇見這些送到醫院時，病情已經陷入危及生命的患者，他心裡就會隱隱作痛。

於是，他買了一輛車，不是為了方便通勤，也不是要帶妻小出遊，而是為了在週末休假期間，可以開到山區裡，為不方便出門就醫的民眾進行診治，翻開臺東地圖，無論是最北邊的長濱鄉，又或者是最南邊的達仁鄉，白明忠的足跡踏遍了臺東每一個有需要醫師的偏鄉社區。

其中，也包含離島的蘭嶼。

身為台東馬偕醫院副院長、腸胃內科主任的白明忠為了在義診時發揮所長，因此隨身行囊除了必備的電腦、病歷與藥品，甚至連胃鏡與腹部超音波都不忘隨身帶去。有感於蘭嶼人喜歡吃生食，擔心有寄生蟲的問題，因此還特地募集資金添購只需要吹氣就能檢驗是否感染的「碳十三呼氣試驗」，將近五年的時間，他檢查過的人就超過蘭嶼一半的人口。

許美玉掛心著每一個返家卻苦無支援的病人，但至少她不必像白明忠這般，得騰出

台東馬偕醫院副院長白明忠（右）。

所有休假時間上山下海。

一切，她笑言自己並非有多了不起，而是一點機運、一點努力以及一點支持，讓自己足以在厚實的羽翼下，安心的提供更多服務。

「大約是五年前，專業的傷口照護知識開始普及，有愈來愈多人重視這個區塊。」這不是一段特別需要壓抑的記憶，因此許美玉說來顯得特別輕鬆，她表示，傷口照顧的知識與經驗累積，讓更多醫療同仁得以用更正確的方式照顧患者，隨著投入的人愈來愈多，人才遍布醫院、居家護理，深入到每一個需要的家庭。

偶爾，傷口的狀況超過居家護理師的應付範疇，他們或是用相機，或是用手機，將傷勢拍下，再回到醫院與同事切磋討論。

厚實的翅膀不會只有一根羽毛，許美玉口中的幸運，最關鍵的就是科技的日新月異。

「通訊軟體如 LINE 的出現，讓一切變得更簡單。」科技或許是冰冷冷的代名詞，然而若是能發揮巧思，懂得如何應變運用，也能成為稱職的得心助手。許美玉利用 LINE 既能通話也能視訊的便利性，即使沒有居家護理師的居中協助，也能與患者或是照顧者進行一對一的指導教學。

回憶就像是被大雨阻擋了視線，那名罹患精神疾病患者的名字已經有些模糊，但她始終忘不了患者被推進醫院時，身上傳來的陣陣惡臭，那是來自屁股處那十幾公分大且深可見股的壓瘡所傳來的腐肉氣味。

傷口照顧不周，輕則引發發炎、感染，重則導致全身性敗血症都有可能，而這名患者就是最不幸的那一位，他被送來時，已經有敗血症的徵狀。

「是志工去訪視時發現，才急忙忙送他來的。」在醫院裡，許美玉看過太多的生老病死，也聽過不少人間哀歌，她很難不跟著旋律吟唱，心想著患者沒被發現，他的人生之歌會在何處完結？

在那一段不算短的住院期間，傷口感染的症狀很快就被控制下來，但是面積不算小的壞死組織猶如一堵高牆，讓醫療能量遲遲無法攀上象徵痊癒的顛峰。

「此時此刻，考驗的日復一日換藥的耐性。」許美玉告訴陪伴患者一同前來的志工，傷口不是不能癒合，但必須要勤於換藥，並透過 LINE 隨時回傳傷口狀況，在院內的醫護同仁會針對傷口狀況進行討論，有了照護決議的共識之後，再提供照顧者接下來的照顧方法。

「好！我們來！」志工的一句承諾，讓現場原本嚴肅沉重的氛圍瞬間變得輕盈了起來。

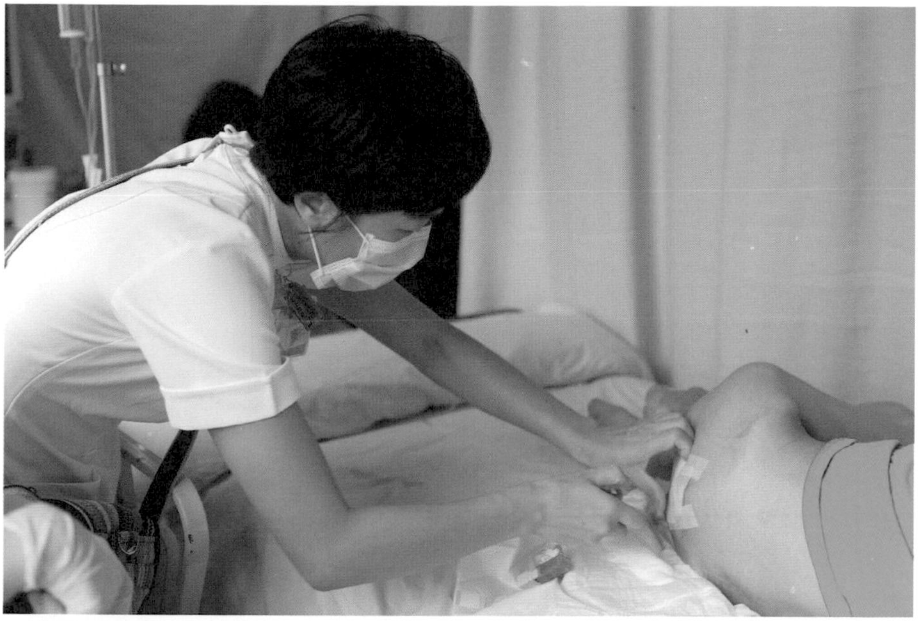

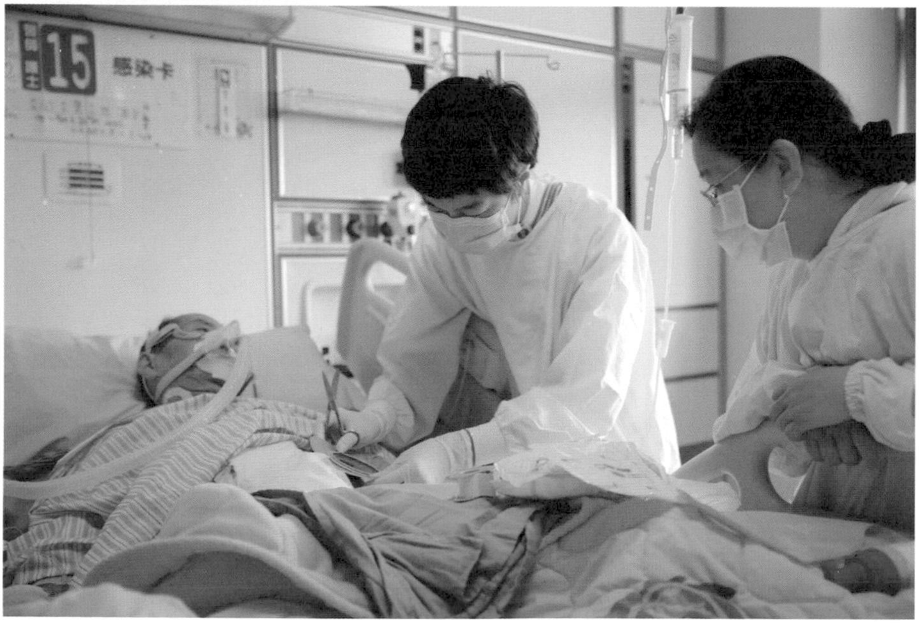

正確的傷口照護是改善病人的品質。

故事的結局一如那句強而有力的應允，美好得令人為之屏息。

患者回到家之後，志工開始輪班接力，隨時透過 LINE 讓許美玉知道目前傷口癒合的進展。善用科技的力量，以及人與人之間付出無所求的關懷，五個月之後，新肉長了出來，不再流出湯湯水水的皮膚有了一層粉嫩的新衣，那是一個因為深受祝福而有的嶄新開始。

病人的傷口就完全癒合了，許美玉興奮的連說話的字眼都在跳舞，「這個個案之所以讓我印象深刻，是因為他的傷口又大又深，但我們連手術都沒做，就成功的讓他的傷口癒合！」

科技應用，仰賴 AI 智慧

這樣的成就對許美玉與團隊而言，無疑是一劑強心針，明明白白的顯示此法可行，一次、兩次、三次……他們用相同的模式試了一次又一次，但結果並沒有想像中那麼完美無瑕。

「其實要治療一個傷口，不只是光看照片或影片就可以完美的想出治療方式的。」許美玉坦言，病人的身體狀況、身體的各項指數等，仍然得透過專業的量測判斷才能找出最佳良方，唯有完全掌握患者的狀況，才能更精準的對症下藥。

慶幸的是，大雨過後終會出現陽光，當他們開始遇到瓶頸時，遠距醫療逐漸成為顯學，無論是產業界、學術界都紛紛察覺所需，大力投入研究，期待能找出新法，而身處第一線，造口治療團隊不甘只是被動的等待別人替他們撐傘，套上雨衣，他們得自己找到另一方陽光露臉的福地。

「當時我們在國外發現有一套工具，可以遠距量測並上傳傷口的一些數值。」許美玉進一步解釋，早在二〇一〇年他們就發現美國已經開始在發展遠距傷口照顧，但也只是剛起步而已，「真正開始蓬勃發展大概是二〇一六年，當時加拿大就推出了很多機型，而臺灣大概是在二〇一八年引進部分設備。」

工具是找到了，引進的方法也不難，但這不代表眼前的路是一片平坦，經費就像路面上的鵝卵石，雖然美麗，卻打亂了所有行走的節奏。

許美玉搖搖頭，想起當時難免有些失落。

當時花蓮慈濟醫院率先採購一套，其中光是相機就高達十幾萬。令人咋舌的價格，換來的是AI人工智慧的判讀，雖然是判讀傷口的利器，但現實條件裡，需求的人太多，醫院預算不可能無止盡的提款。

既然內需吃緊，那麼不如向外求援。二〇一九年慈濟醫療團隊寫了一個計畫，準備爭取衛生福利部的一筆經費，只可惜最後鎩羽而歸。

然而，許美玉沒讓語句間的氣餒持續太久，提振起精神，她再開口說的，是個好消息，「就這麼剛好，那一年風險移撥款進來了，我們可以說是搭上了順風車。」

好消息還不只有一樁，當時國內的研究團隊也已經突破種種限制，成功研發出相關產品。風險移撥款不得採購硬體設備，無獨有偶的，這套慢性傷口智慧照顧系統只需要在行動裝置上安裝軟體，就能自動偵測傷口的數值並上傳雲端，也能同步進行分析，便於後端的資料整合與病程追蹤。

雖然經費來源、採購來源都不必再著急，但團隊心知肚明，計畫再嚴謹也得先試試水溫，因此他們只提出一筆金額不多的款項，希望能先做出成績來再擴大辦理。

遠端協助，救護又救命

當烏雲逐漸散開，清澈的藍就在後頭靜靜等候人們抬頭欣賞。遠距傷口照顧的可行性，許美玉在實際執行的時候看見了有生以來最美麗的藍。

在眾多個案裡，許美玉想起了她，那是一名被糖尿病束縛多年的老太太，她的年代總是這麼教導女人，面對命運要不卑不亢，於是當糖尿病像藤蔓般緊緊攀住她的時候，她也只是坦然的接受。

但她的這片好心沒有換來疾病的體貼，那一天高血糖帶著她的意識走入黑暗，再見光明，已經是三天後被鄰居發現的時候了。

足足昏迷三天的她除了身體狀況衰弱，身上也壓出了好幾處大小不一的壓瘡，雪上加霜的是，由於失禁的狀況導致屁股部位的傷口又大又難處理。

「一般而言有兩種治療模式，一是清創，到開刀房去進行傷口的清創，第二種就是小心的照顧，讓傷口自行癒合。」許美玉還記得，當團隊與醫師、家屬展開討論時，幾乎是毫無異議的，大家一致認為手術對於傷口癒合或許能加快一點速度，然而對於年事已高又罹患糖尿病的老人家而言，危機可能會冷不防的衝出來，狠狠咬上一口。

於是他們決定以傷口照護的方式進行。

當時家人擔心自己的照顧能量不夠，因此決定將老人家送到機構去。而醫院端的護理師也開始與機構端的護理師展開串連，透過遠距的方式，教導機構端的護理師正確的傷口照護方式。

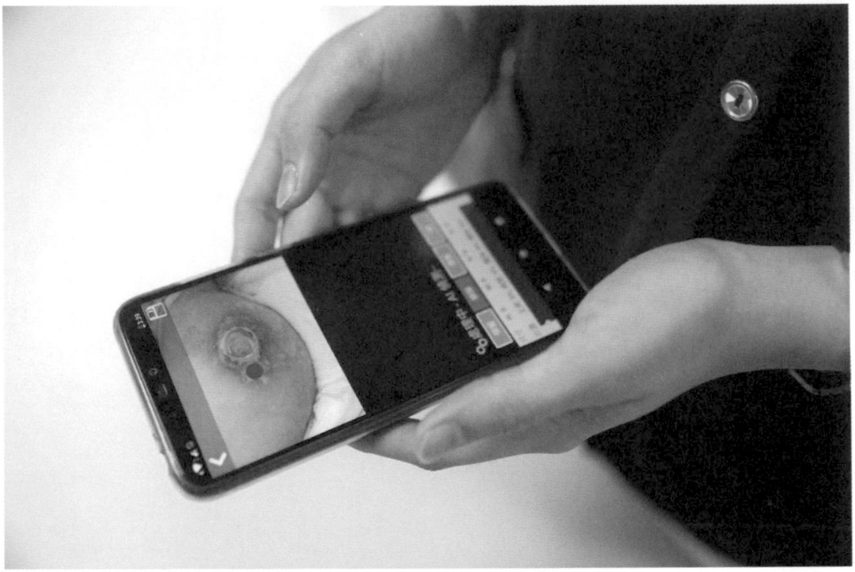

居家護理師無論位在何處，可經由手機的行動裝置，將病人的傷口即使傳給花蓮慈濟醫院傷口造口及失禁護理團隊，護理師即可透過手機（上圖）或桌機（下圖），提供相關處置建議，這是遠距傷口照護的一大步。

日子一天天的過，黑與白的風景來回交錯，在幾乎要走完三個季節之後，老人家身上的大小傷口全都癒合了，就連尾椎處的失禁傷口也完美的長出新的皮膚。

足足八個月的時間，聽起來既漫長又煎熬，但對長年投入在傷口照護的許美玉而言，這樣的天數已經足以令人安慰。

她不禁想起了以前，在那個連LINE都沒有的年代，遇到如此情勢複雜的患者，她只能勉強運用下班時間跟著居家護理師一同訪視，協助傷口護理，很多時候病人的居家環境並不體貼，患者泡在自己的糞尿中的情景更是不難看見。

當時犧牲了無數個能夠休息的夜晚，心中只求病人能早日康復，對於能否有額外的休息時間補上，許美玉沒將話說明白，只是迂迴的表示：「有補貼加班費跟休假，真心感謝，沒有的話，就當作是做功德吧！」

然而再細細回想其中細節，她仍不免感嘆，「就算我們有心，但一個人可以照顧幾個病患？一個晚上又能跑多少地方？」

靠著一雙手、兩條腿，能跑的地方不多，能服務的患者也有限，當時的她沒有辦法想像，有一天遠距傷口照護的啟動，會讓這一切的辛勞變得平易近人。

像那一位五十幾歲婦女，也是受惠於遠距醫療而得以保全四肢的受惠者。

「當時被送到醫院急救時，為了救她一命，不得不使用升壓劑，但也造成全部的血液從周邊一直湧到心臟來。」婦人的命被救回來了，但她的四肢末梢卻開始發黑，向眾人遞出壞死的噩耗。

「她的手指跟腳趾……救得回來嗎？」醫師看著躺在病床上被小兒麻痺給折磨大半人生的她，如今可能得再面對四肢壞死截肢的噩耗，才不過五十幾歲，後半人生該如何度過？

他們想也不敢想，也希望能在現代醫療中找尋可能發光的希望。

「我覺得手指可能還有希望，我們先救她的手指。」許美玉的專業評估，迎來醫師無限感激的銘謝。

他們開始展開修剪工作，每天〇點一公分、〇點一公分的，慢慢的將壞死的部分修除。

「修剪時會造成傷口，再針對傷口作治療，透過一些敷料協助傷口癒合，傷口好了，肉就長回來了。」許美玉表示，每天得耗上一兩個鐘頭的時間慢慢的修剪，冀盼的人體的癒合機制能在此時此刻竭盡所能。

然而在修除的時候，還得細心避免感染的風險，每一個移除、每一道挑剪，都得萬般謹慎。因此在病患傷勢穩定返家之後，醫療團隊決定開啟遠距傷口照護，教導家屬正確的換藥方式。

打開隨身攜帶的筆記型電腦，許美玉從眾多照片中點取幾張照片，那是患者治療到最後的樣子，「雙手的手指保住了，雙腳的部分，只截到一雙腳的腳趾頭。」

雖然截掉了部分的腳趾頭，但許美玉知道，這個成果已經無法再挑剔了，這是目前所能做的極限。因為如果是最開始的評估，婦人整個腳掌都得被截掉，連落地行走都會成為奢侈。

問她，像這樣的患者，在以前都該如何是好？

許美玉只是深吸一口氣，再緩緩吐氣的同時，一陣陣鼻息帶走了她身體內的溫暖，「如果經濟條件還可以的話，就是頻繁的回醫院。」

一直到最後，她都沒說，那些經濟條件不允許的患者該如何是好。

她不希望自己被困在過去，只期待現在的自己無論是眼裡或是心裡，都要懷持希望，「我們必須得與時俱進，不斷的學習新的傷口照護方法，看到那些傷口慢慢在恢復，病患能獲得更好的生活品質，那將會是最迷人的犒賞。」

第十三章▼不罕見的愛

★致敬——第一屆個人醫療奉獻獎得主龍樂德（Robert G. Long）醫師（台東基督教醫院）

「請給孩子們多一點愛吧！」這是他最常跟護理人員們說的話，他總相信，愛會讓奇蹟發生，而這樣的奇蹟也不止一次在他所照顧的病人身上驗證。

曾經有一名提早四個月出生的早產女嬰，出生時的體重還不到六百公克，被絕望的父母帶到醫院時已經奄奄一息。但龍樂德沒有放棄她，除了常規的治療與儀器支持之外，他也特地立下醫囑，希望值班的護理師們每隔五到十分鐘，就要到女嬰身邊去，親柔的摸摸她，他說：「我們要讓他感受到源源不絕的愛。」

這股愛成為了一股粉紅色的力量，果真讓女嬰的氣色日漸紅潤，最後健康出院。

龍樂德對孩子們的呵護與愛，在他的一舉一動之中展露無疑，無論是聽見或是看見，只要有孩子需要他，他便奮不顧身。

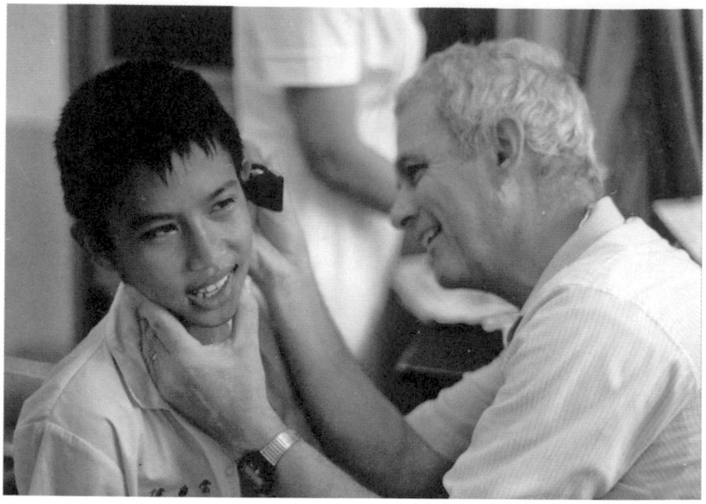
臺東小兒科之父龍樂德醫師。

一九九六年龍樂德在臺東縣賓茂國小校長的拜託之下，為全校的孩子做健康檢查，這一做，讓他赫然發現，偏鄉地區學童並不如看起來的那般健康，有些疾病吃藥治療即可，但有些病若繼續延宕，未來的結局他根本不敢想像。

如此的看見，讓龍樂德有了一個大膽的想法，回到辦公室後，他提筆寫下一封文情並茂且調理分明的信件給當時的行政院衛生署署長，希望署長能擬撥經費，讓他所任職的台東基督教醫院為全臺東的孩子做完整的身體健康檢查。

行政院衛生署署長後來同意了龍樂德的請求，此後足足有十五個月的時間，龍樂德帶著台東基督教醫院的醫護團隊奔走各鄉鎮村落，連蘭嶼、綠島也不錯過，總計為將近兩萬五千名孩童進行健康檢查。

這一次檢查中，他們發現許多孩子身上的大小病症，為了鼓勵父母帶孩子回醫院接受治療，甚至還給出了返院治療八折的優惠。

而後人們總暱稱龍樂德是臺東小兒科之父，如此美稱，當之無愧。

二十幾年前，龍樂德深入各個鄉鎮部落，一個接著一個孩子仔細檢查，不願錯過任何一個可以健康成長的生命，而花蓮慈濟醫院小兒科主治醫師朱紹盈，也不只一次將腳步踏出醫院大門，主動走進啟智學校、資源班、早療系統，希望能找出那些深受罕見疾病以及遺傳疾病所苦，卻被錯認只是單純身心障礙的孩子。

朱紹盈是東部地區唯一一位小兒遺傳疾病醫師，小小的肩膀扛起整個花東地區遺傳疾病患者的託付，然而她始終無悔，回想起當年一頭栽入遺傳疾病如此冷門的領域，她爽朗的說，或許是個冥冥中注定的緣分。

醫學系五年級時，朱紹盈到臺大小兒科病房實習，小兒科裡的孩子難免有輕症、重症之分，輕者住院幾天就能恢復紅潤臉色安康返家，重症者則可能得往返多次，有些人獲得了妥善的治療，有些小小的身軀則不敵疾病摧殘，在父母的淚眼與哀痛聲中走完短暫的人生。

但是，唯有那個孩子，一直住著，也一直沒醒。

幾個月過去，朱紹盈開始好奇，於是她問了病房裡的護理人員，才得以從一字一句間拼湊出這小小身軀更完整的人生——原來這個孩子罹患的是罕見疾病，住在加護病房已經五六年之久，插著管、裝著呼吸器的他始終不見好轉，也不曾醒來。

但他年輕的母親仍然每天守護在旁，輕柔的撫著孩子的頭，守著這她這一生的心肝寶貝。

「聽說她本來是嫁入了豪門，生下這個生了病的孩子之後，母子倆就被遺棄了。」朱紹盈獲得的訊息還不只如此，她好奇的找出病人的病歷資料，期待能從中一探究竟，瞭解到底是何疾病導致他既無法解決苦痛，卻也無法獲得安康，在那個病歷尚未電子化、仍須紙本書寫的年代，這一調閱，令朱紹盈瞠目結舌。

「他的病歷這麼高！」坐著的朱紹盈，將一隻手抬到眉眼處，雙眼睜大，眉毛挑高，至今想來仍然覺得不可思議，「就像一套天龍八部，寫得密密麻麻的。」

當時，指導老師經過他身邊，見她好奇，也不吊胃口，直白的告訴她，這孩子罹患了一種極為罕見的疾病，由於罕見，因此不僅病名甚少人知，會醫治這類病患的醫師也是少數。

朱紹盈醫師。

朱紹盈醫師（左）深得罕病病人及家屬信賴。

「這些病很棘手，但也很特別。」指導老師望穿了朱紹盈的眼，似乎能抓住那一絲倏然閃過的光芒，於是開口問了她一句：「如何？有興趣嗎？」

踏出院外，自我行銷

指導老師當時的提問，朱紹盈沒有正面回答，但實習結束之後，那位母親臉上帶著的悲苦與柔軟，始終不曾從她心中最重要的角落剝離。

畢業之後，朱紹盈到花蓮慈濟醫院服務，遇見了既是小兒科前輩也是名師的李明亮教授，「他對病人的態度跟那分柔軟的心，我覺得我找到典範了！」

典範就在眼前、身邊，猶如初春的露水，澆灌著朱紹盈深藏在內心深處的醞釀多年卻始終沒有勇氣發芽的種子，自那時候開始，她決定投身小兒遺傳疾病領域，即使這是既冷門又艱澀，也很常深感挫敗的科別。

「我知道會很辛苦，但毅然決然就投入了。」陷在回憶中的朱紹盈，話說得很輕，猶如窗外細緻的毛毛雨，雖然打在身上沒有感覺，但卻足以令人的內心為之蕩漾。

這個扣人心弦的決定，她至今依舊無悔。問朱紹盈，論資源，北部甚多，病人也多，為何選擇留守東部地區？

聽聞提問，她露出一股備受肯定的神情，有些縹緲，因為年代已經久遠，「我曾有機會可以回到臺大服務的，但李教授聽了直說不可以，他說花蓮沒有人，所以我只好留下來了。」

「只好」二字，聽似委屈，但說者與聽者都明白，這是一個義無反顧的決定。

李明亮自臺大醫學系畢業後即遠赴美國，並在有南方哈佛之稱的頂尖學府杜克大學（Duke University）完成小兒科住院醫師的訓練，而後繼續進修，取得美國邁阿密生化學及分子生物學哲學博士學位，這位在國外名氣響叮噹的小兒科醫師來到花蓮慈濟醫院小兒科任職時，毫無意外的捲起一股旋風，時常都有來自全臺各地的求助者，各種疑難雜症在診間來了又去，也讓朱紹盈得以有機會跟在旁邊學習。

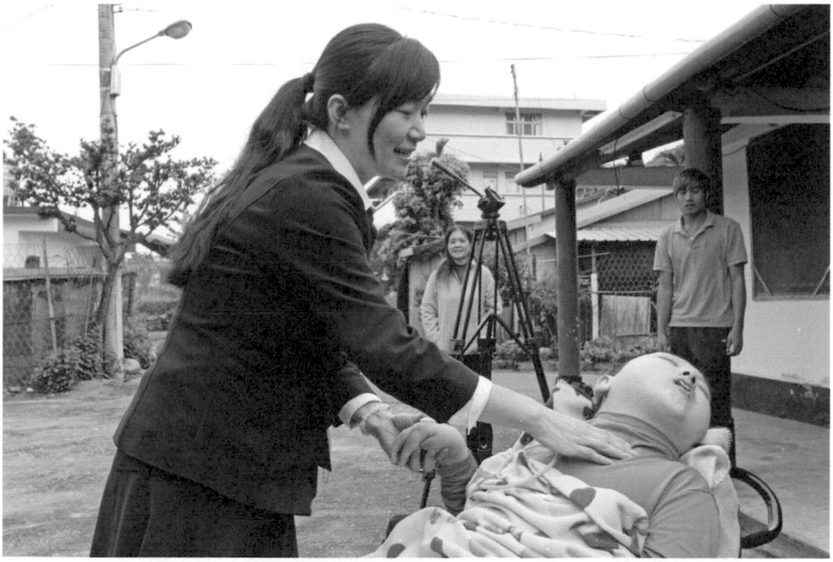

朱紹盈醫師常帶著團隊下鄉訪視罕病病人（上圖），並用相機記錄病人的生活狀況。（下圖）

但這樣的日子短暫的就像晨間的露水，很快就消失不見，李明亮被政府徵召就任衛生署署長，他這一離開，朱紹盈一時頓失依靠。

「我當時才剛獨立看診，病人根本就不認識我，也沒有人會轉診給我。」朱紹盈的臉上帶有微微的苦澀，想起當時她時常坐在診間等著門診時間結束，平均每一個診次能服務到的病人，十根手指頭都數得出來。

她直言這是一種悲哀。說著，朱紹盈將背部挺直，重新挪動坐姿，也在這短暫的幾秒鐘之內，重整自己稍嫌低落的精神，再開口，她強迫自己在語氣灌入堅強。

「但這也是一種美麗，讓我開啟了一個想法。」身為一位小兒科醫師，朱紹盈笑起來有著天生的溫柔魅力，同時也帶點童心未泯的淘氣，「既然需要我的病人不知道我，那我就想，我該去哪裡找需要我的病人？」

於是她利用在枯等病人上門求診的充裕時間裡，上網一一搜尋，將那些她能搜尋得到的啟智學校、資源班以及早療體系的地址一一筆記，並去電衛生局，「我想，衛生局的護理人員一定也最清楚這些深受遺傳疾病之苦的病人都在哪裡。」

資料備妥之後，朱紹盈關上診間慘白的日光燈，那讓一切顯得毫無保留。走出院外，沐浴在陽光之下的她，在每一次的吸氣與吐氣之間，不止一次的告訴自己，東部地區正因為沒有像她這樣的遺傳疾病醫師，因此更顯得此地患者的無助，她必須去找病人，告訴他們，希望就在花蓮慈濟醫院裡，在她的診間裡。

每到一間學校、單位，朱紹盈總得強撐起自己原本羞澀的個性，盡可能清楚的告訴對方自己是誰、能夠替遺傳疾病患者做些什麼，她也鼓起勇氣站上校園裡的講台，分享自己的知識。

一切的一切，就是要推銷自己。

檢查篩檢，把病人找出來

一間啟智學校最令她印象深刻，那是一個有小學、國中以及高中部的學校，學生人數不少，朱紹盈與校方展開合作，短短一年之內就開出了二十五張的重大傷病卡！

「有些孩子根本沒有做過相關的檢查，因此也沒有人知道他得的是什麼病。」徜徉在話語中的苦澀，讓朱紹盈的眉頭不禁皺起摺痕，久久都無法撫平，「我進去幫他們做了很多篩檢，發現部分人不全只是單純的身心障礙，其中包含不少遺傳疾病與罕見疾病的患者，他們需要醫療資源的協助，有一部分的機會能讓他們生活得好一些。」

這二十五張重大傷病卡一開出去，朱紹盈面對的回饋，竟是被相關衛生單位質疑，甚至以為她是詐騙集團！

朱紹盈不慌不亂的拿出自己的識別證以及專業，告訴他們，這些孩子先前之所以沒有被診斷出來，不是醫療的問題，而是資源的困窘。

「很多父母根本也不知道他的孩子怎麼了，輾轉看過幾科，找不出原因就放棄的也大有人在。」朱紹盈低下頭，回想起她曾家訪過的每一個孩子的家庭，父母們亟欲解釋的話，聲聲都是無奈，「他們不是不願意治療，

朱紹盈醫師蹲下來反串讓小病友來幫她拍照。

只是找不到病因。」

除此之外，擁有小兒遺傳疾病專業的醫師本就不多，且大多集中在北部與西部地區，東部地區民眾要求診，必須還得翻山越嶺，而遺傳疾病與罕見疾病更非是看一兩次醫生就能得到治癒的病症，得有時間、耐心與足夠的經濟支撐，才能找出化險為夷的治療方法。

種種的困境都一一化為阻礙，朱紹盈自知自己並非神，無法逐一拯救，但至少在她能力範圍內，她希望能找出這些被隱藏在社會暗角的患者。因此她不僅走入學校與機構，也開始進行家訪。

「家訪是我從慈濟志工身上學到的。」朱紹盈多年來在醫院與志工相處，看他們做事、聽他們說故事，也從他們身上學到方法，家訪就是其一。

找到患者之後，朱紹盈還得一一到孩子的學校或機構去，教導學校與照顧者該如何正確的照顧與引導這些孩子，甚至遇到一些代謝異常的孩子，她也會請營養師跟她一起出門，協助設計病人專屬的菜單，避免病情加速惡化。

過往人人們對於遺傳疾病與罕見疾病總認為是無藥可醫的絕症，但長期投入此領域的朱紹盈卻反而認為應當樂觀看待，「二〇〇〇年之後，人類基因圖譜確定序之後，有很多的診斷方法、治療方式都出現了。」

儘管並非所有疾病都能找到解方，但至少在診斷上還是能明辨是非。

朱紹盈深知，身為花東唯一一位遺傳疾病領域的醫師，自己肩上的重責難以在短期內就卸下，但她卻從未想過一走了之，內心也只有豐滿的感謝，「我要感謝這些病患，讓我成為一個美麗的存在，讓我可以照顧他們。」

第十四章 ▼ 串連花東

★致敬——第三屆個人醫療奉獻獎得主德樂詩（Bonnie Dirks）護理師（台東基督教醫院）

一對焦急的夫妻匆匆忙忙的跑進診療所，手裡抱著的是才剛出生三個月的孩子，他全身滾燙，他們用盡了各種古老習俗所教導的方式，始終沒辦法讓這股突如其來的熱燙從孩子身上退去。

「請幫幫孩子吧！」他們來此不是尋求宗教的幫忙，而是眼前這位宣教士擁有專業的醫療知識，同時也是將孩子平安接生到人世間的護理師。

德樂詩研判可能是肺炎引起。她用盡了各種方法，無論是打濕毛巾替孩子擦澡降溫，又或者是投以抗生素與阿斯匹林的治療，卻始終未見成效，孩子的燒遲遲不退。

她告訴眼前的夫妻，孩子的狀況可能已經超過她的能力所及，或許該往市區大醫院送。

但成功離臺東市區得搭兩個小時的車，若是送到花蓮的大醫院更是六個鐘頭起跳，車程只是其中一個小問題，孩子的爸媽難過的搖搖頭，滿心支離破碎，「我們沒有足夠的錢坐車，更別說要支付醫院的診療費用……」

德樂詩不想放棄，既然去不了醫院，乾脆就接回家自己照顧吧！那一晚，德樂詩徹夜未眠，她用醫療專業為嬰兒找尋退熱的解方，一方面也為孩子不斷的禱告，與許是她的信仰，也或許是孩子的自體免疫系統發揮，隔天孩子的燒奇蹟似的退了！

諸如此類的事情不斷發生，德樂詩開始思考，醫療資源簡便的診療站尚可為小病小痛撐起保護傘，倘若遇到更緊急的狀況或是要開刀，還是得要有一間設備、人力完善的醫院才行，於是她與創院院長譚維義醫生等志同道合的醫護人員在一九六九年成立了台東基督教醫院。

從家鄉美國來到臺灣的德樂詩，有好長一段時間都在為病患尋找可靠的醫療資源，而有機會到臺北醫院服務，卻選擇留守東部醫院的花蓮慈濟醫院小兒科主治醫師朱紹盈也一直努力的在替患有遺傳疾病與罕見疾病的孩子與家庭，提供一處足以令人安心的庇護港。

回想過往曾有機會回到都會區的大型醫院，她不曾有過遺憾，過往仍在她的記憶中徘徊不去，但那也只是為了凸顯選擇留下的決定讓現在的自己有多驕傲，另一方面，醫院給予的全力支持，同樣也是她內心的快樂來源。

「遺傳疾病跟罕見疾病的患者與其他門診比起來，老實說病患數量實在太少了。」朱紹盈自問，在此情況之下，要請醫院投資幫助這些患者的高端儀器，即使沒有專業會計的能力，她也能輕易的算出損益比。

但自家醫院願意投資。

「先別說遺傳疾病或是罕見疾病好了，用數量可能比較多的早產兒來看，早產兒有可能會有視網膜病變的問題，需要雷射儀器協助治療，那一台機器就要三十萬。」朱紹盈計數著每個月在醫院誕生的早產兒，平均僅一至兩例，等同於三十萬元的機器一個月可能只需要使用到一次，其他時間就塵封在儀器室內，「還得花錢去進行保養，光想就覺得划不來，但醫院卻願意買下這台儀器，只因為有病人需要它。」

少見疾病，學海無涯

打從她走出醫院到各個地方自我推銷，至今已經過了十五個年頭了，十五年足以孕育一個嗷嗷待哺的孩子成長，也足以建立病患與家屬們對朱紹盈的信任感。如今，朱紹盈不必再自我推銷，來自花東地區的早療單位或是學校，在遇見可能需要她協助的孩子，就會自動的將個案轉到她這裡來看診。

「當我診斷確定疾病之後，會等病人狀況穩定一點，然後就會將病人再轉回當地的醫院就近照顧。」在花蓮慈濟醫院的醫師介紹網頁上，朱紹盈除了小兒科主治醫師的名稱之外，還有另一個職稱——遺傳諮詢中心主任。她笑開的臉就像一朵綻放的牡丹，美麗清新，她解釋，正是因為開始與其他單位建立雙向聯繫網路，才有遺傳諮詢中心存在的必要。

如今朱紹盈不再是一位只能待在診間，等著寥寥可數的病人掛號的菜鳥，在東部地區她建立起自己的專業形象，成為了一位不可或缺的醫師。即使只是坐著，朱紹盈的坐姿也一直都很端正，彷彿也象徵她的內心對每一件事情都必須戰戰兢兢的精神，她不得不如此，因為她的患者隨時身處生死交關。

在對待每一位病人，她深知凡事不可能做到盡善盡美，只祈願對病人能做到竭盡所能、不負所托。

「你知道當一名醫生最好也最不好的事情是什麼嗎？」盈盈的笑容像極了在春日蔓延的青青草地，滿身清爽的朱紹盈提了一個難以回答的問題，但對她而言，這個答案就像那片青翠草原，是既定的綠，「永遠、一輩子都有讀不完的書。」

將挺直的腰往身後的椅背一靠，她把自己帶進了每一次遇見新疾病的過往。

「有不少病患來，他們身上的病是我這一輩子第一次的。」遺傳疾病與罕見疾病之所以冷門，在於患病人數普遍並不多，幾十萬分之一與幾百萬分之一的機率，不僅是人們可能罹患這些疾病的概率，同時也是醫師可能遇見這類患者的機率。

「就說上禮拜那個患者好了，他不是我診斷出來的，是林口長庚的醫師診斷出來的。」由於患者居住在花蓮，因此林口長庚醫院的主治醫師將病患轉到朱紹盈這兒來，由她來接手照顧與診治，「我第一次遇到這種病，一拿到病歷我什麼也不懂，趕快就去找資料、做功課。」

朱紹盈語氣裡似是感嘆，也有幾分敬畏，說著科學進步快速，同時知識的累積也非常龐雜，忽然的，總有那麼一個幾百萬分之一的疾病被發現，然後又被有心的醫療團隊、研究學者找出足以緩和病情的解方，身為一位醫者，她體悟到學海無涯的遼闊。

阻絕複製的人生，找尋援手

當病患來到眼前，對朱紹盈而言最關鍵也最必須要做的一件事情，就是確定疾病。

「那幾個檢驗所都很怕接到我們的電話。」輕聲的嘆息中，有微微略帶苦意的笑，朱紹盈談起那些價格，像是標在衣服上的價碼，清晰分明，「有些基因檢查，單一個點可能就要七八萬，更別提有些檢驗還得送國外，那就更昂貴了。」

她得尋求社工的協助、社福團體的幫忙，有時還得苦苦哀求檢驗所可不可以大發慈悲。因為只要能診斷出病人的疾病，那麼就有幾成的機會，能讓傳唱幾代的哀歌就此被斬斷。

曾經她在家訪時找出一個患有X染色體脆折症的大男孩，朱紹盈告訴大男孩的父親，這個疾病屬於染色體的異常，智能障礙是最常見的顯性表徵，她選擇把最可怕的結果放在最後一句講，「這個病會遺傳。」

大男孩的父親嚇了一跳，也開始慌亂，「我以為他只是一般的智力障礙，想說他這樣在臺灣一定娶不到老婆，所以我們就去越南幫他找一個太太回來……」

話說得愈來愈小聲，但朱紹盈的心已經被重重擊倒，難受的像是一個被龐大水壓用力擊沉的潛水夫，她好怕自己來得太晚，如果大男孩的越南太太有了身孕，那就很有可能誕生出另一個哀傷的人生。

這個故事，朱紹盈沒有把結局曝光，只是深深吸氣，彷彿這樣就能將勇氣充成一顆大球，滾向那些疾病，將之一一擊倒，「這就是為什麼，我必須要把患者找出來。」

然而這類患者的診斷與檢測費用大多所費不貲，遇見家庭經濟狀況不允許的家庭，朱紹盈還得四處奔走，尋找資源。

可是她終究有只有兩隻手與一雙腿，上天給她每天的時間，也是與一般人無異的二十四小時，朱紹盈深知，單就自己一人能做的還是有限。

但她也深知，要在花東地區找到助手，實在困難。

「花東地區就我一個醫生，我們醫院又位於花蓮的北邊，那些花蓮南部、臺東來的病人，每一次來找我，就是得舟車勞頓。」遺傳疾病與罕見疾病大多是終其一生的牢籠，病人與醫院、醫師的連結既頻繁又緊密，除了距離遙遠，朱紹盈也很難二十四小時陪伴左右。

曾經臺東有一位剛出生的孩子在新生兒篩檢的項目上發現有氨基酸代謝異常的可能，家長急著抱孩子過來，偏偏朱紹盈當天並沒有門診，「新生兒篩檢中心馬上打電話給我，請我加開特別門診，不然這個病人的問題該怎麼解決？讓他等嗎？不可能。」

朱紹盈能夠做的，盡量無一不漏，然而交通的問題是東部地區的醫療痛點，但解決距離的問題已經超乎她能力所及，「我就在想，如果臺東也有醫生可以就近照顧病人，至少臺東的病人就不用跑那麼遠來我這裡。」

朱紹盈的語氣開始興奮，「現在科技很發達，遠距看診已經發展了好一段時間，如果臺東有醫師能協助，我們就可以透過遠距看診的方式一起服務臺東的病患。」

花蓮慈濟醫院發展遠距醫療已經有許多年的時間，無論在儀器、設或是硬軟體上，朱紹盈都能得到支援，然而最困難的就在於，臺東地區是否有醫師願意與她配合。

問朱紹盈，全臺像她這樣擁有小兒遺傳專長的醫師有幾位？她側頭想了一會兒，只能給個大概的數字，「大概二十八個左右，而且都集中在北部跟西部，就算是臺大那麼大的醫院，也才三個醫生。」

或許是看見了筆者臉上不可思議的神情，朱紹盈貼心的給了分析，「這通常是一輩子的病，當我們告知家屬診斷訊息時，他會看到全家陷入烏雲密布的沉重情緒；再者，這些病都太難醫治了，有些甚至沒有藥，很少醫生能在此其中獲得成就感。」

醫師人力不足之外，她也發現，分明請病人依循進行語言治療或是復健治療，但病人的療程卻一再延宕，「不是他們不願意做，是他們根本沒辦法作，有時候好不容易來了一位語言治療師，做了三個月就走，就算留下來，只有他一個人要服務那麼多人，病人一排就要等上六個月。」

朱紹盈苦著一張臉喃喃的說著，日本的唐氏症有專門的特教資源，甚至有外交翻譯官的訓練，「我們東部去哪裡找？甚至連基礎治療都很難做。」

她直言，這不是任何人的錯，非都會區的醫療現狀就是如此。

這份工作很少有醫師、治療師能夠承受其重，但朱紹盈是幸運，在尋覓幾年之後終於找到了志願者——台東基督教醫院小兒科的鄭弋醫師。

問朱紹盈是如何認識鄭弋醫師，她笑著說，同是小兒科醫師，知道彼此並不是太難，她也常從病患口中聽到這位臺東的小兒科醫師的熱心事蹟，譬如看見偏鄉學童有需求，就上書教育部替他們爭取權益；聽聞有醫師從北部到東部支援，卻因為要趕火車而提早結束門診，也會上書向醫院陳情不可如此損害病人就醫的權益。

朱紹盈心想，這麼有熱情的醫師，或許能有機會說服他。

起初鄭弋有些遲疑，他擔憂的不是工作加

台東基督教醫院
小兒科鄭弋。

重卻只能換來微薄的成就感，而是深怕自己醫術不足耽誤了病情。

他很坦白的告訴朱紹盈，自己沒有信心能做好，但朱紹盈心底知道，這並非是斷然的拒絕，於是她鼓勵鄭弋，自己定將陪伴左右，在把病人轉給他時會完整交代治療方向，甚至在鄭弋有需要她協助時，她能保證聯絡隨時都是暢通的。

就這樣，朱紹盈與鄭弋，一個在花蓮慈濟醫院，一個在台東基督教醫院，一南一北串起東部地區小兒遺傳科的遠距共診服務；此後，臺東的病患再也不必清晨即起就趕火車到花蓮來看診，如果要調整藥物，也能在鄭弋醫師的診間獲得相關的服務。

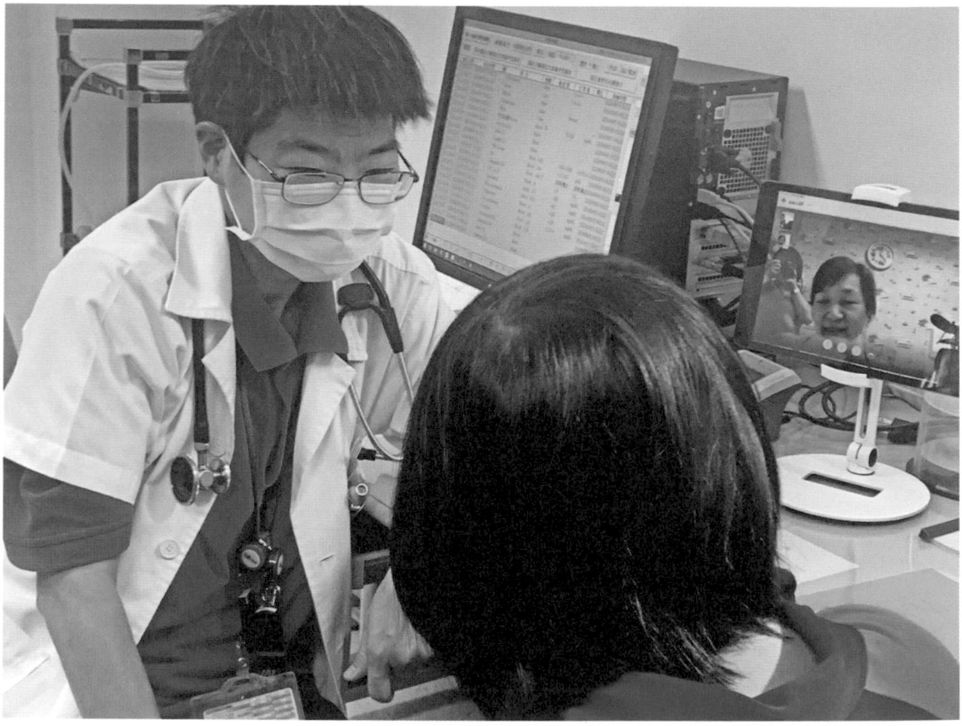

台東基督教醫院的鄭弋醫師透過視訊與花蓮慈濟醫院的朱紹盈醫師一起守護小病友。

推廣閱讀，創造反轉的機會

「現在鄭弋醫師幾乎不太需要我的幫忙了。」朱紹盈的笑容裡有無限的欣慰，讚許鄭弋的有心，幾乎能獨立看診，讓她能有多一點的時間，做點其他服務。

前些時候她廣招志工，成立了「社團法人聚落書坊文教發展協會」，陸續在各地成立閱讀站，並培訓說故事志工，在鄉鎮中推廣親子共讀。

「我們的孩子學測常是全國的最後一名，但兒童家暴虐待、營養不良、蛀牙率、青少年輟學率、小媽媽等通通都是全國第一名。」談起這些數據，朱紹盈心裡萬般沉重，但這股重量同時也是推動著她的力量，「我花了十五年的時間給罕見疾病與遺傳疾病的孩子，現在我也想花點時間給一般的孩子。」

面對社會問題，朱紹盈必須從專業領域中找尋科學的方法，於是她發現了閱讀的力量或許可以為這一切帶來一股清靜的力量，成效或許還沒能看見，但她心中早已定下目標。

「我希望能看到花東孩子的命運有反轉的機會。」

第十五章 ▼ 第一名的死亡率

★致敬——第二十五屆個人醫療奉獻獎得主許明木醫師（門諾醫院）

行醫四十多年，他最期待聽見病人說的話，不是謝謝，而是興奮的一句：「我看見了！」

將近三十年的時間，許明木開始走出醫院，開著由他細心規劃的「視力保健巡迴車」往東部各地部落、社區、小學裡頭鑽，甚至還力求能達到行動眼科醫院的目標，在巡迴車上配有完善的驗光器具、迷你眼鏡部，只要病人有需要配置眼鏡，就能馬上配給，免去患者還得下山找眼鏡行的奔波。

「視力保健巡迴車」的設立，是因為一念不忍與不捨，投入偏鄉服務多年來，許明木發現，很多長者任由白內障與青光眼奪去他們的視力，在黑暗中摸索多年的他們一直以為這是自然老化的現象，如此的誤解來自山區眼科醫師缺乏，下山一趟也相當奔波，還有人終其一生都沒有尋求過眼科醫師的協助。

除了看見老人家的需求，許明木也見到山區隔代教養所衍生的各種苦境，例如許多老人家不知道斜視可以矯正，因此只能任由孫子的視力逐漸惡化。

手拿視網膜鏡與眼底鏡，許明木戲稱自己是個雙槍俠，雖然沒有拯救世界的能力，但也祈願用自己的醫學專業以及一步步走往偏鄉的步履，為山區民眾帶來重見光明的機會。

許明木到學校為學童做視力篩檢，也利用假日到山區為老人家做防盲篩檢。而花蓮慈濟醫院癌症研究中心主任許仁駿多年來也積極投入在篩檢的工作上，只不過他投身的並非眼科，而是足以奪取人類性命的殺人凶手——癌症。

家族四代都是臺北人的許仁駿對花蓮並不熟悉，除了高中畢業旅行、

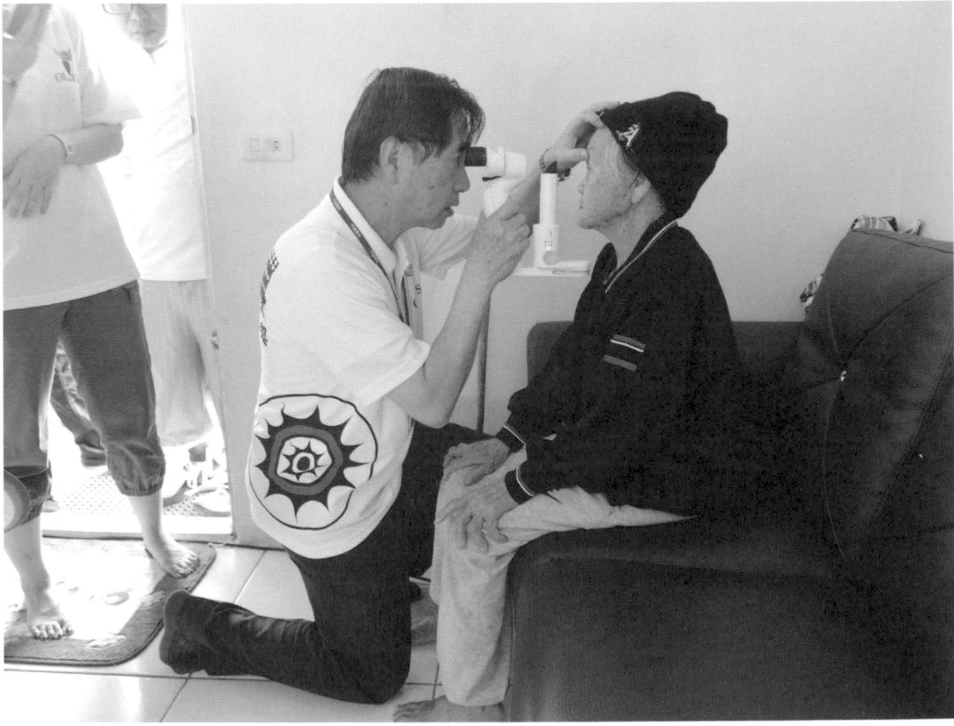

許明木醫師為老人家防盲篩檢。

家族環島旅行這兩次來花蓮之外，在到花蓮慈濟醫院工作之前，他對這塊土地是陌生的。因為工作的關係，許仁駿的人生開始與花蓮逐漸緊密連結，日子一天天的過去，他逐漸瞭解這個地方，開始知道哪裡有好玩的、哪裡有好吃的，然後隨著熟悉感愈來愈飽滿，他寬廣的發現逐漸聚焦，赫然發覺花蓮的消費水準似乎與臺北相去不遠。

「但是這裡的薪資條件卻普遍偏低。」以就事論事的眼光看來，許仁駿被自己的發現震懾，抬起眼，他望向筆者的眼神透露著不公平的待遇所帶來的焦慮，「你有想過一件事情嗎？藥品或醫材，在全國的價格幾乎都是一致的。」

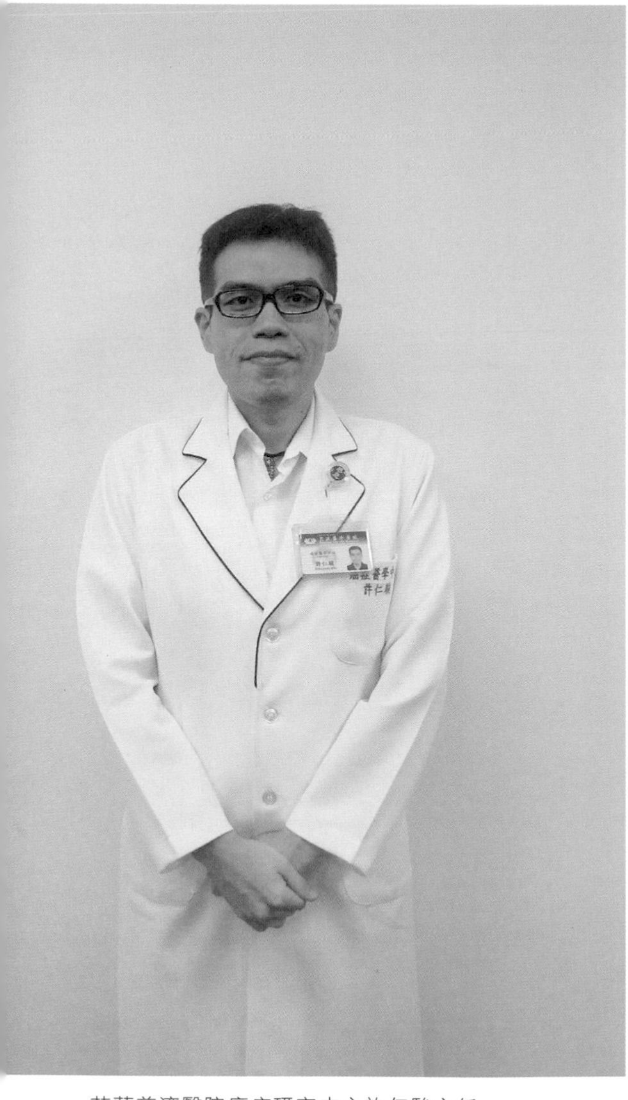

花蓮慈濟醫院癌症研究中心許仁駿主任。

「一顆藥，我不會因為你的薪資所得高，就賣你一顆一百元，你薪資所得略低，就替你打個折扣。」這個問題在許仁駿心底像份書面報告，羅列著他多年來想訴諸的話語，「癌症的治療，比的不是醫術，而是口袋的深厚。」

許仁駿快人快語，一句話就像一道雷，轟的一聲巨響，讓人不由得強打起精神，靜靜等待他解釋分明，他也沒讓人失望，條理分明敘述一二。

「緊急醫療是今天我不救，就可能會死；傷口照護牽扯到太多相關疾病與感染，必須在半年至一年之間就要解決；相對看來，癌症更像是一種慢性病。」長期投入癌症領域，除了末期患者、胰臟癌或是腦部的惡性腫瘤，大多都是長期抗戰的艱苦歷程，癌症患者從確診開始，就進入了長期抗戰的煎熬。

煎熬的不僅是透過各式的治療力拚癌細胞，同時還有龐大的經濟重擔。

「像是有些乳癌患者會使用賀癌平 **Herceptin**，如果沒有健保給付，每個月自費約六至七萬，半年四十萬就沒了；再來說肺癌，有些藥物光是一顆就一兩萬元。」許仁駿搖頭又嘆氣，他已經被這些數字給緊緊的束縛，高單價的阿拉伯數字就像一只牢籠，進來的人永遠別想全身而退，「像有些細胞治療，一次的療程就要一百二十萬。我們估算了一下，除非你的戶頭存款有兩千萬以上而且不愁吃穿，才有能力進行這樣的療程。」

一個又一個的舉例，許仁駿想表達的，無疑是想加重他在訪談一開頭說的那句話的重量——癌症的治療，比的不是醫術，而是口袋的深厚。

提高病痛篩檢率，抗癌路上機會大

翻開文獻，眼前的數據讓許仁駿略微低落的情緒稍微振作了些，他表示，美國在十年之間就降低了百分之六的癌症死亡率，追根究底，能達到如此正面的回饋，仰賴三個關鍵條件，其一是早期篩檢，再來是服用新型藥物，接著妥善的照顧也能發揮不錯的效果。

這份資料足以提振人心，當然也包含許仁駿的心，但他的目光只聚焦在第一個選擇，彷彿那是一顆閃閃發光卻還未經雕琢的鑽石，「只要你的風險意識夠高，願意在身體還沒感覺到病痛時去做篩檢，那麼在抗癌的這條路上，機會就大。」

鑽石即使閃耀動人，卻也不見得人人都能有察覺原石的能力。篩檢無法強迫，許仁駿苦笑著說，即使不收取任何費用，他們還得花費心力苦勸、請求與拜託，「在東部地區要鼓勵人們主動作癌症篩檢，真的是相當令人頭疼的工作。」

喜歡用數據說話，許仁駿當然也曾為此進行過分析。從腦中尋找過往曾看到的調查資料，他永遠都忘不了花東兩線的經濟條件或許在全臺而言名列倒數，然而在幸福指數的分數上，卻是名列前茅！

「這裡的人是非常樂天知命的。」樂天知命聽起來像是一份包裝精緻的禮物，但對許仁駿而言，那些包裹其上的美麗緞帶與平滑柔軟的包裝紙，都是阻礙著健康識能深入內心的障礙物，在癌症篩檢的執行上，正因為多數人的樂天知命，一直以來都苦了滿腔熱情的醫護人員。

起初，為了鼓勵病人做癌症篩檢，花蓮慈濟醫院癌症中心行政組無不使用各種方法，例如當病人到醫院看診，只要發現病人該年度還未執行癌症篩檢，無論他當天看到是哪一個科別的診，醫院會貼心的列印癌症篩檢通知單，提醒患者在看完診、領完藥之後，能「順道」再去做癌症篩檢，做完了，還有小禮物做為獎勵。

院外的部分，考量山區與偏鄉居民到醫院的不方便，因此癌症中心除了申請國健署計畫租用癌症篩檢車外，也主動與花蓮縣衛生局合作，承接乳攝子抹篩檢巡迴車，直接把備滿篩檢的儀器與器具，隨同專業人員一起送上山，讓居民得以就近進行癌症篩檢。

規劃看起來既完整又體貼，但許仁駿鼻頭上的那副眼鏡，讓他的視野清晰得銳利，他看到現實或許妝點得相當繽紛，但賓客的表情卻不以為然，這讓他們心生挫折。

花蓮慈濟院設在大廳的癌症檢快速窗口。

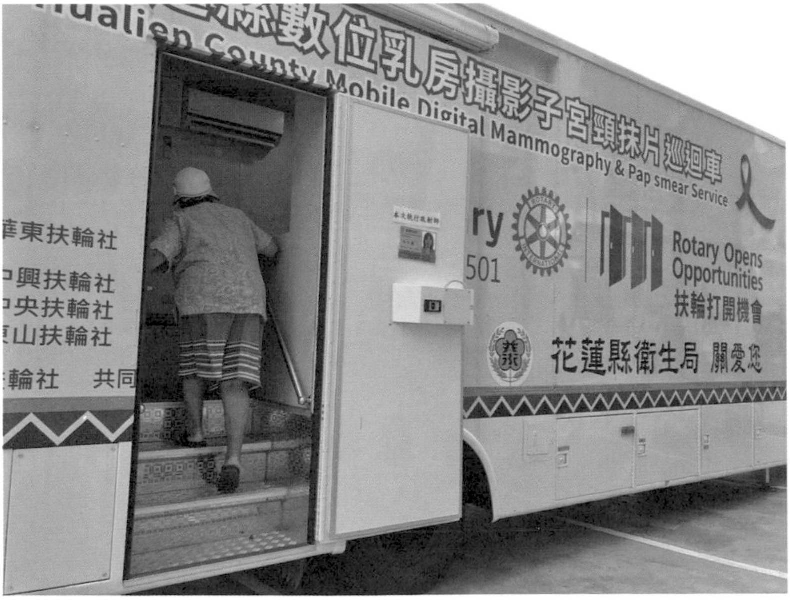

乳攝子抹巡迴車直接將篩檢裝備送到部落，讓居民可以就近做篩檢。

「包含護理師、癌症中心行政人員、乳房攝影放射師、醫師，再加上一位司機，一輛篩檢車開過去，最少也要出動五名人力。然而往往一整個早上下來，願意主動上車作篩檢的民眾，卻只有五位。」他瞇起眼，像是突然想到什麼重大的新聞，急急開口補上：「業務最慘澹的時候，還曾只有一位上車而已。」

遙遠的就醫距離，望而卻步

「我說過，他們大多樂天知命。」再將樂天知命四個字說出口時，許仁駿的臉上看不見應有的笑容，反而搭載著一聲聲的長嘆。實際上，癌症篩檢車能夠提升的篩檢能量並不多，頂多一至兩成而已，然而造就如此的原因，卻很多。

遊走在花蓮慈濟醫院院內的行動篩檢車。

許仁駿分析居民之所以不願出來的原因，前前後後就羅列了好幾項。

第一是因為居民白天要工作，不方便出來。

第二是因為不覺得身體有哪裡不舒服，因此沒有動力。

「第三，他們很怕被衛教。」多年來，許仁駿聽過太多的抱怨，也接受過太多不耐煩的神情，每一個負面的情緒都讓他說起話來變得軟弱無力，「很多居民會覺得，去篩檢的時候，醫護人員都會叫他們戒菸、戒酒、戒檳榔，明明就沒怎樣，這個也不能做、那個也不能做，人生的樂趣在哪裡？」

深怕被限制了自由與喜好，許多人選擇避而遠之。

他的分析還沒說到最後一個選項，也是最關鍵的因素。第四，之所以不願篩檢是擔心身體倘若真的出問題了，即使只是輕症，居家與醫院的距離就讓他們望之卻步。

「都會區的人要領連續處方箋，就算不去醫院也能就近在住家旁邊的健保藥局拿藥，順路還可以去買點菜、辦點事再回家，但這裡很多村落是沒辦法這麼享受的。」隨著在這裡待的時間愈長，他就愈不忍苛責，「住在山區的人要領藥，必須要下山，下了山之後要找間藥局也不容易，往往還是得回醫院拿。」

倘若需要進一步的治療，許仁駿認為，城鄉之間的路途、交通的便捷度，也在此時此刻反映出來。

「在都會區，接受電療的患者他可以當天來回，可是在這裡，如果你住在山區，基本上是不可能當天來回的。」交通的限制，導致患者必須在醫院住下來，住院的費用無疑也是一大負擔。

與其接受篩檢及早發現病灶，很多人反倒希望能睜一隻眼、閉一隻眼，只要身體沒有發出任何的警訊與疼痛，就樂天的當作一切安康吧！

種種的因素累加整合，造就了東部地區的低篩檢率，也促成了癌症發生率雖低，但確診時大多都已經接近末期，導致死亡率居高不下的窘境。

若與全國各縣市相比，花蓮與臺東的癌症發生率排名並不突出，屬於中段班，然而若察看的是癌症的死亡率，臺東則名列第一，則花蓮緊追在後，排名第三。

面對這個第一名，東部醫院無不絞盡腦汁，滿懷期盼能將排名往後拉，多年以來，這始終都是一個令人思慮枯竭的難題。

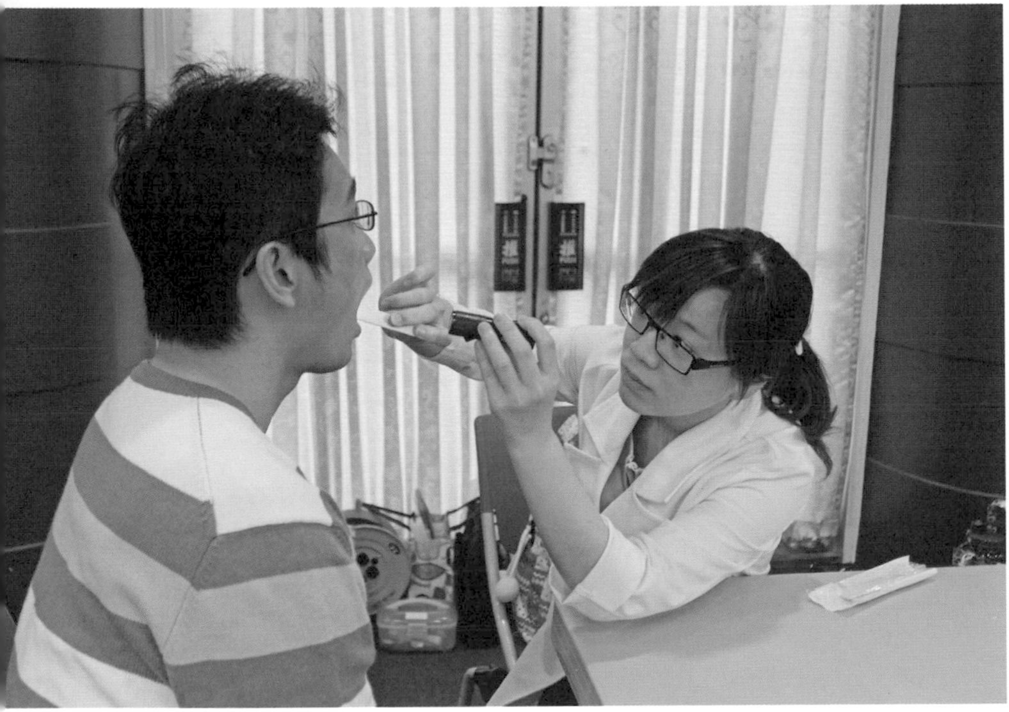

社區口腔癌篩檢。

第十六章▼零失聯率的挑戰

★致敬——第二十四屆醫療奉獻獎個人獎得主潘永謙醫師（關山慈濟醫院）

曾經他在等一個病人，但在約定好的時間裡，她始終沒有出現。一年後，這個病人終於回診了，在父親的攙扶之下，膝蓋無法完全彎曲的她一跛一跛的慢慢走進診間來。

「醫生，我不想要變成殘廢……」還未成年的小女孩面對自己可能終身都得拖著一條腿走路，眼裡、話裡全是哀求。

潘永謙不禁問家屬，當年孩子右大腿骨關節骨折，他曾清楚表明只要一個小手術就能治癒，為什麼不帶孩子回來？

只見家屬羞愧的低下頭，說家住在山上，要下山看醫生非常不方便，因此決定給住家附近的國術館治療，沒想到治療了一年，傷勢卻往惡劣的方向疾駛而去。

看著眼前的父女，因為住家離醫院過於遙遠，加上醫療觀念匱乏而做出足以影響女孩一生錯誤的判斷，潘永謙難受極了，也在時此刻，他感受到了偏鄉醫師的責任是如此任重而道遠。

有感於鄉村醫院招募醫師不易，不願病人迢迢一趟來撲空，因此身為關山慈濟醫院院長的他多年來也跟醫師們一起輪二十四小時的急診，就是希望病人好不容易一趟車程來，都能得到應有的診治。

體恤病人的心以及精湛的醫術，也讓潘永謙深受病人的喜愛，曾有個原本居住在臺東的老病患隨著到南部居住，但長年深受關節疼痛所苦的他，在南部始終找不到一個與他投緣的醫師，一回疼痛難耐的他索性包下一輛計程車從臺南坐到臺東找潘永謙。

一趟路來五千元的車錢，都要比診療的費用還要貴！但老病人一見到潘永謙，心裡既踏實又安心，直說著：「還是來給你看最安心。」

偏鄉招募醫療人才不易，關山慈濟醫院院長潘永謙輪值急診搶救生命，獲醫療奉獻獎肯定。

這也不禁讓潘永謙在獲得醫療奉獻獎時，心有所感的說：「身為醫師最大的收穫，不是自己有多有名，而是病人無論在哪裡，都會記得你。」

面對花東地區癌症死亡率的居高不下，花蓮慈濟醫院癌症研究中心主任許仁駿多麼希望，醫院的存在就如同潘永謙之於那位老伯，是如此重要的依靠，無須殷切的聲聲召喚，當他們有需求時，隨時都會主動前來。

明白有太多的因素導致病人不願與不方便，無論是篩檢、回診或是治療。但他也坦言，醫院端能夠幫忙的確實有限，「必須得承認，我們沒有辦法開著專車，一個一個的把他們從家裡接送到醫院來。」

成本的考量、人力的缺乏，要能做到盡善盡美的周全服務，實在難以兩全。但許仁駿沒有讓這些揮之不去的難題給束縛住，緩緩的吐了口氣，他將雙手抵住座椅的扶手，運用手臂的力量將自己的身體微微向上提，一方面重整坐姿，一方面也藉此調整情緒。

再開口，許仁駿的語氣雀躍的像在跳舞。

「這幾年來，花蓮慈濟醫院的癌症病人失聯率，是零。」他解釋，所謂的零失聯率更精確來說，不僅是掌握了所有在醫院發病且治療過一次的病人，讓他們能持續回診，同時也願意接受治療。

即使在枯枝中，也能找到嫩芽，雖然篩檢還得再努力，就至少牢牢守護已經確診的病人。

許仁駿話還沒說完，緊接著又提起另一個新名詞——完治率，他進一步解釋，在本院發現，並且完成治療療程，稱之為完治率，根據統計，花蓮慈濟醫院的完治率與留治率都有高達九成的傲人成績。

上一刻，許仁駿還在談篩檢的不如意，此時此刻聊得卻是零失聯率與完治率，一前一後雖是強烈對比，然而每一個成功的本身若細細探究，過程中是眾人用心費力的仔細鋪路，才將春天給喚醒。

問許仁駿，花蓮慈濟醫院何以克服經濟、地域與交通的種種不便，達成如此成就？他的笑容看起來比適才輕鬆許多，表示其實成功妙法別無其他，就是要「雞婆」一點。

「我們的癌症中心個管師們花很多時間跟心思，一個一個把病人追回來，並且說服他們進行治療。」零失聯率的成就仰賴人力追蹤，然而對於高達九成的完治率與留治率，許仁駿語氣中多了一絲的驕傲，表示悲哀的本質並非是百分之一百的負面，有的時候也是成就美麗發生的強力推手，「東部醫院不多，只要有足夠的信任基礎，病人不會想做其他選擇；像臺北的醫院或許做不太到，因為臺北的選擇實在太多了。」

然而選擇少不完全是病人之所以願意留下的全部，許仁駿強調，其中的關鍵還得補足一點，那就是打造當地人對醫院的信任感。

「如果信任感不足，有條件一點的人，大也可以往北或往南尋求其他醫院的治療。」幾年前來到花蓮任職的許仁駿，多年來看見醫院始終努力招募各地優秀的醫療人才，不只在臺灣找，也往海外找，只要有一點機會跟可能能提升花東醫療的量能，都不願放棄，期待能藉以補足、強化醫療量能，解鎖「深受在地人信任」的成就。

貼心叮嚀，安心上線

許仁駿不止一次看到病人從花蓮轉院北上，每每聽到「臺北的醫生一定比較厲害」的聲音，心裡就有不甘與失落，「很多在外地工作的子女聽到父母生病，就急著想把老人家轉到臺北去求醫。」

有人會說，孩子把父母帶到跟自己同一個縣市去就醫，其實也是為了方便照顧。許仁駿並不否認，確實有部分如此，然而也有一部分的長輩到了異地去，面臨到的是子女白天必須上班，照顧自己的其實是新聘而來的外傭或是看護。

「癌症的治療除了醫術、藥物之外，另一方面是病人是否能獲得足夠的安心感作為心理支持；對老人家而言，在熟悉的地方接受治療，是不是更好？」體恤長輩除了接受疾病的挑戰，還得適應陌生環境，雙倍的打擊與痛苦是難以想像的煎熬，許仁駿與團隊於是決定，要將這分不捨的心化為實際行動。

屈指計算著轉診所需要的日程，光是車程就要一天，求診名醫又難預約，運氣好一點的也要等上一個禮拜，在這一個禮拜至半個月的時間裡，就是團隊是否能說服子女將老人家留在家鄉治療的黃金期限。

對於花東地區治療癌症的醫療能量，許仁駿充滿信心，但他深知，異地子女即使相信醫院能妥善照顧父母，卻也有不能就近看照所產生的擔憂與不安，因此如何讓家屬有足夠的安心感，成為能否提升完治率與留置率的關鍵要素。

「剛好風險移撥款進來了，讓我們有機會能利用這筆款項做點事。」提到這筆款項，許仁駿的表情猶如看見天降甘霖，他們利用這筆經費在二〇二〇年底打造出一套**APP**，期待能藉此安異鄉晚輩的心。

拿出手機，打開才剛正式上線的**APP**，許仁駿興致勃勃的解釋這個得之不易的創意軟體，「我們串連東部十七家醫院，把病人的資料都放在上面，病人去哪一間醫院治療、什麼時候看診、回診，甚至藥物照片、用藥方式與次數、個管師對病患術後的提醒與忌諱，在**APP**上都能一目了然。

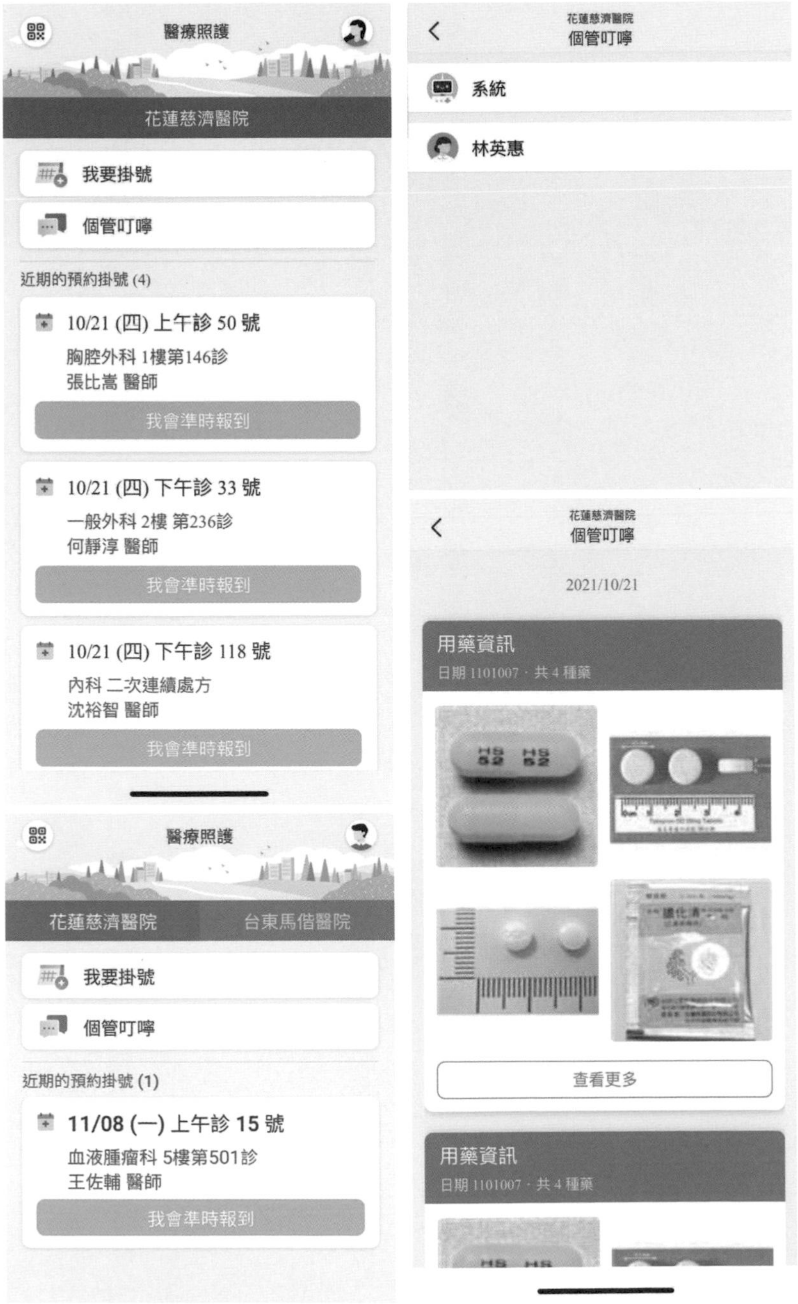

除此之外，預計在二〇二一年也將完成病人與個管師的互動系統，病人可以上傳傷口照片，也能在線上提問。

「雖然這是針對癌症研發的系統，但其實很多病患除了癌症之外也有許多慢性病的問題，譬如糖尿病、傷口或是安寧緩和的需求，因此我們一直在思考，該如何把這套系統的功能擴大。」許仁駿表示，系統也將整合各個科別的個案管理師，實現以病人為主體的整合多專科案管理服務。

除了同一間醫院的垂直整合之外，也將進一步實現跨院橫向整合的願景，如今包含花蓮慈濟醫院、門諾醫院、台東基督教醫院以及台東馬偕醫院都已經加入，未來也陸續加入東部其他醫院，無論病患是在東部哪一間醫院就診，或是同時在多間醫院進行診療，只要打開同一個**APP**，就能在上面獲得多家醫院的相關整合服務。

問許仁駿，如果病患是長輩，老人家懂得如何使用嗎？

揚起一個陽光燦爛的笑容，他搖著頭，說：「這個**APP**的設計出發點，就不是為了給長輩使用的，而是給他的家人用的。」

許仁駿進一步解釋，每個病人都有自己的帳號，家人也能登錄。個管師會貼心的在該回診的前三天，每天發出回診通知，遠方的子女也能掌握所有回診的日期與安排，藉由電話提醒老人家務必得記得回診。

「另一方面，我們也做了藥物相關的資訊。」如此的設計發想，來自於癌症中心團隊多次家訪時發現，每次一打開長者的藥物櫃，總是塞滿了一堆應該要吃完的藥物，詢問之下才知道，長者常忘記這些藥物該怎麼服用就乾脆不吃或是吃錯，許仁駿表示，子女可以依照藥物相關資訊，就可以透過電話聯繫，「不管是聯絡長輩本人也好，或是長輩貼身照顧者，再一次提醒老人家按時並正確服藥。」

考量醫院與住家的距離普遍並不是太靠近，尤其年紀偏大的病人身上的疾病往往不只一種，常常得周旋在好幾個科中往往返返的回診，體恤病人出門一趟的勞心費力，因此個管師也會貼心的在系統上安排，評估醫師的診次、時間，倘若條件允許，就讓病人在同一天內同時掛號看診。

跨院整合，東部轉診機制

「這還不是這套系統最便利的地方。」許仁駿手指俐落的在系統上點選，亟欲分享解開零失聯率與高置留率的關鍵密碼，「十七家醫院都可以用這套系統來做完善的轉診。」

許仁駿舉例，倘若花蓮慈濟醫院有病人要轉診，無論是因為想離家近一些、想找熟悉的醫師治療，只要是轉到花東地區十七家醫院的任何一家，護理師或個管師就會將所有病歷資料、影像檔案以及醫生的醫囑上傳，並協助掛號轉診，力求在三天內讓病人成功轉到另一家醫院、獲得另一位醫師的診治，而兩家醫院的個管師也會互相聯繫，完整交接病人的狀況。

「病人不必再像以前那樣，還要申請列印或拷貝一堆病歷帶去新醫院。」許仁駿笑言，如此串連與無縫接軌的銜接，最大的起心動念，無疑是希望能說服家屬將患者留在花東地區治療，「他們不必再花一個禮拜至半個月轉診，也不必擔心醫院跟醫院間的銜接有斷層，我們這麼做，就是希望能多一個機會將病人留在花東治療。」

許仁駿坦言，此套系統要價不菲，倘若沒有風險移撥款的支持，要向任何一家在經營上萬般辛苦的東部醫院提出如此的計畫，可以想像將難逃被婉轉拒絕的結局。

然而過往沒有系統大家也運作如常，這套系統真的有其必須存在的效益嗎？

許仁駿不正面回答，選擇將問題繞了一個大彎，再拋給發問的人，「系統上線之後，花東地區十七家醫院都加入了，所以你覺得大家需要它嗎？」

如今系統的種子才剛栽下，零失聯率與高留置率的綠芽就已經亟欲伸展，儘管抗癌之路漫長而艱辛，但這群人都希望至少能盡己所能施肥澆灌，藉由一點一滴的服務，彌補東部天生條件上的不足，期待有那麼一天，繁花能夠盛開。

第三部　緊急救護

第十七章 ▼ 綠色通道

★致敬——第三屆個人醫療奉獻獎得主薄柔纜（Roland Brown）醫師（門諾醫院）

在正值青春年華的二十七歲，薄柔纜來到臺灣花蓮，他跟著臺灣第一支山地巡迴醫療隊，走過每一個車子難以行經之地，用他的雙手，為病人帶來療癒的希望。

他曾在訪談時告訴現場的人，回憶初到花蓮的時候，雖然人們都很窮困，但是心靈卻都很接近，「樸實，和花蓮那未經雕琢的山木一樣。」

為了讓這些樸實的人都能有機會在病痛時接受到醫師的診療，薄柔纜在門諾醫院創建初期，實施原住民看病只要一元的政策，不僅可以看病，如果需要開刀，醫生也會不顧成本的立即進行手術治療。

而後薄柔纜更拿出自己的積蓄，陸續創立了早產兒基金、血癌基金、洗腎基金等，只希望有需要的人都能不為經濟所困，能在第一時間被納入在專業醫療照顧的羽翼之下。

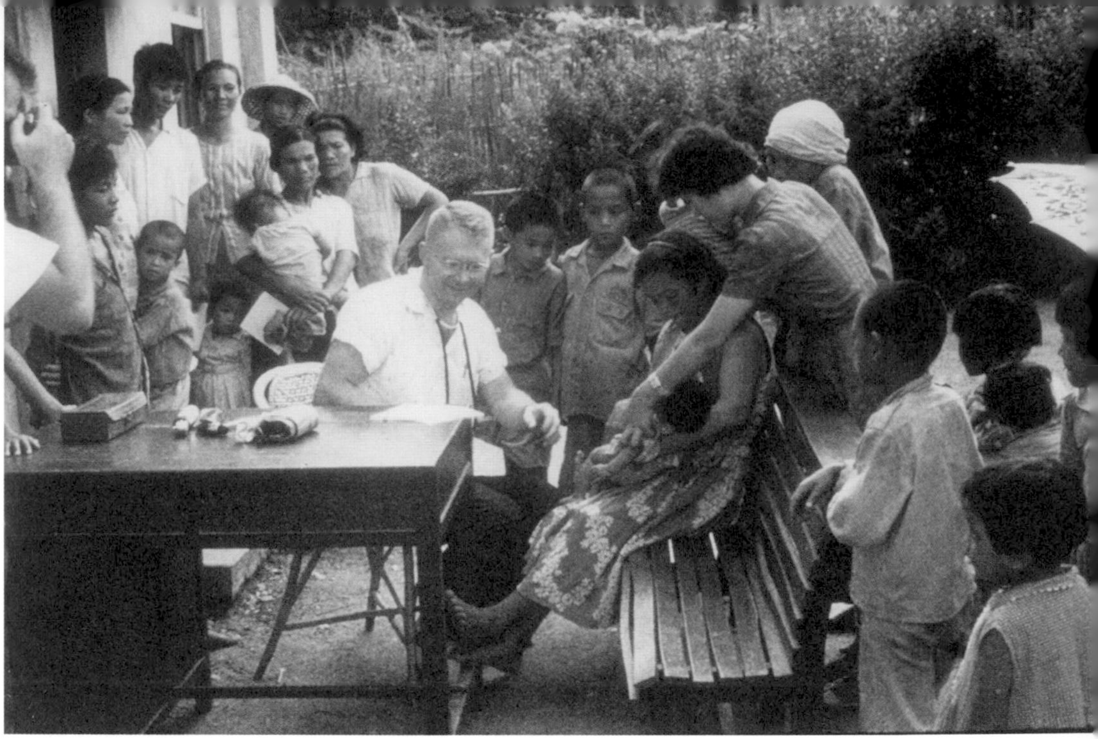

門諾醫院薄柔纜醫師為臺灣東部醫療奉獻一生。

他在這片土地上奉獻了四十年的歲月，直到退休之齡才捨下親手創建的門諾醫院。到美國安享老年的他，原本該是無憂無慮，但他的心始終放不下生活了大半輩子的花蓮。

一九九一年受領臺美基金會頒發社會服務獎項時，想起花蓮醫療的匱乏、人才招募的不易，他不禁心有所感的說：「臺灣的醫師來花蓮很遠，但去美國卻很近；我為臺灣奉獻了一生，只盼望臺灣人，尤其是臺灣的醫生，也能像我一樣，為弱小無助且需要照顧的人服務。」

薄柔纜醫師窮盡一生，幾乎將自己的所有奉獻給弱小貧困的人們，無論是一元看病，又或者是眾多基金的成立，都希望能替有需求卻受限於經濟條件的病人打開一條綠色通道，讓他們在疾病面前，享有人人平等的待遇。

他的這分愛，在東部地區的每一家醫院裡幾乎俯拾即是，有感於這片土地的限制與需求，多年來他們無不想盡各種方法，期待能補足先天的環境受限。

一如花蓮慈濟醫院早在一九九三年六月就成立了東部地區第一間心導管室，不久之後，考量急性心肌梗塞患者的急救需求，更進一步成立二十四小時救心小組，醫護團隊不分日夜待命，期待能在分分秒秒中，搶救可能得救的病人。

救心小組的發起人，同時也是花蓮慈濟醫院副院長王志鴻曾語帶感恩的表示，在他初到花蓮慈濟醫院、醫院裡只有他一名心臟科醫師時，醫院不顧成本打造要價不菲的心導管室，並購置昂貴的心導管儀器，採購計畫沒有KPI，也不求盈餘，只求能多救幾條在鬼門關前徘徊的人命。

過去花東的交通極為不便，門諾醫院的山地醫療巡隊走進山地部落。

「自發病起的六小時內，但其實最理想的，是在三小時內就得利用心導管疏通阻塞的血管。」王志鴻口中的急性心肌梗塞黃金救命期，時間短暫得殘酷，但只要能在愈短的時間內將血管打通，無論是在性命的挽回或是在癒後的狀況，都能獲得同等的回報，否則病人很可能就此沉沉的睡去，進入一個沒有夢也不會醒來的世界。

依照「醫院緊急醫療能力分級評定」品質指標評估心肌梗塞病人從送到醫院再到把血管打通，若能控制在九十分鐘之內，即算通過評估水準；將從病人送到心導管室到血管打通的時間，若能控制在六十分鐘以內，就是好的醫療品質。

多年來，花蓮慈濟醫院從病人送進來醫院到打通血管，平均控制在九十分鐘內；病人從送到心導管室到打通血管，

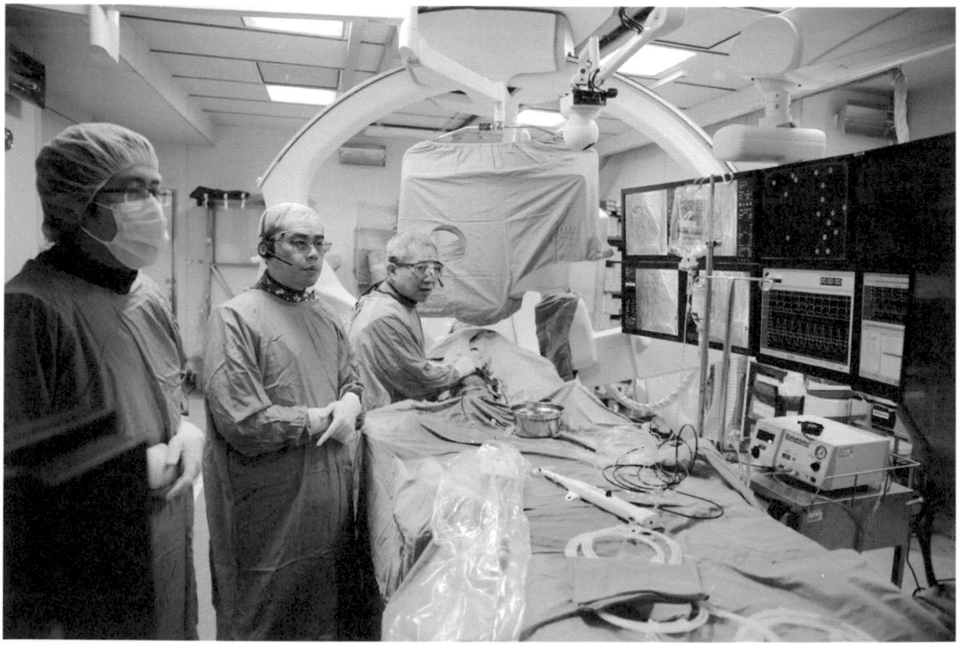

花蓮慈濟醫院心導管團隊從病人被送到導管室到打通血管，平均只需要二十三分鐘。

平均也只要二十三分鐘。所有的數字都顯示著團隊的齊心協力與高效率整合。

醫院端投入人力、經費並追求速度與效率，救回的人不少，然而也有不少患者，在送到醫院來之前，就已經敵不過與時間的賽跑，惋惜離世，再也來不及為自己的人生開拓另一次大展身手的機會。

消防與醫院合作，替患者搶時間

身處急救的最前線，花蓮縣消防局局長林文瑞滿是感觸。坐在花蓮縣消防局這個熟悉的局長室裡，林文瑞應該要是輕鬆的，但談起救護端，他的肩膀卻很硬，彷彿在上頭有幾百斤的黑石，隨時都可能將他壓垮。

「花蓮的地形很狹長，南北距離就一百三十幾公里。」在空中比劃著一個虛擬的花蓮地形，最後他將手指放在虛擬地形的北端，「可是比較大型的醫院幾乎都集中在這裡。」

語畢，像是想起了什麼，林文瑞再度補充：「南部也是有稍微大型一點的醫院，但可惜的是，不是每一個科都能提供診次服務。」

花蓮醫療資源分布的不均勻，對於消防救護端後送患者的速度與時間上，難免受到影響。計算花蓮縣整年度約一萬兩千件救護，平均送醫時間落在十一點二七分鐘，然而回頭再看全國救護速度的平均值，僅有八點四七分鐘，六都更有八點四三分鐘的成就，花蓮縣的速度，以數字上來看並不理想。

「其實如果是在市區部分，我們跟全國的平均時間是不相上下的。」語氣中沒有急於解釋、脫責，林文瑞試圖以最理性的分析表白拉長時間的真正原因，「可是在郊區部分，距離醫療院所實在是太遠了。」

問他，郊區的後送速度，大多落在多久的時間，林文瑞只是搖搖頭，想起那些因為距離遙遠而無法安然走完人生最後一程的患者，內心百般糾結，直說著：「那個時間……很嚴重，可是很多病根本不能等。」

然而現實的無奈就像一面鏡子的一顆蘋果，雖然近在眼前，但愈是執意伸手向前，也只能碰得一片冰冷。

二〇一七年下半年，一通電話撥進局長室，那是一通邀約的電話，也是帶領著花蓮縣消防局轉身找機會的關鍵。

「花蓮慈濟醫院的林欣榮院長跟王志鴻副院長希望能來拜訪我。」談起那次的邀約，林文瑞的語氣明顯振奮許多，將修長的手指往座位後方一比，窗外的景色正是花蓮慈濟醫院高低交錯的幾幢灰白色大樓，「我告訴對方，你們不用來拜訪我，我過去就好。」

林文瑞深知，這個邀約不會只是普通的寒暄，更有可能的是促成兩方合作的契機。

順了順衣服上的皺摺，林文瑞掛上電話後，幾乎沒有太多的耽擱，馬上就起身前往赴約，這個短短不到三分鐘的路程，他心情雀躍，很是期待對方能提出什麼樣的合作內容。

「我們花蓮急性心肌梗塞的發生率在全國平均上看來，顯得

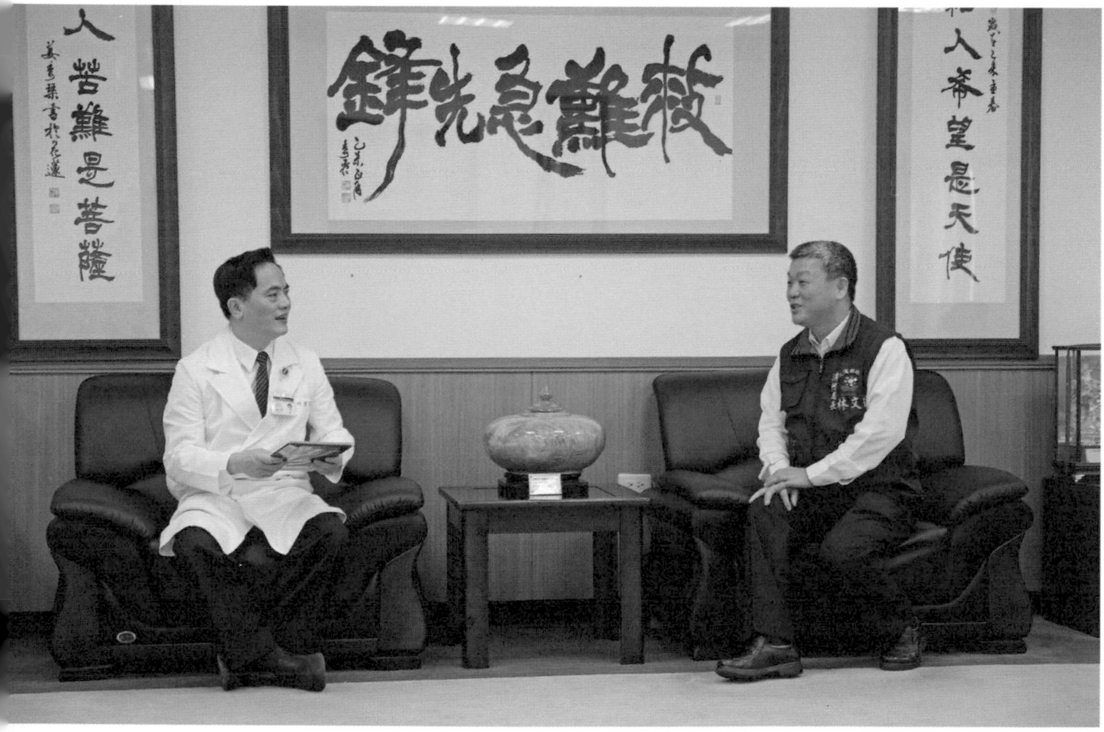

林文瑞局長（右）與林欣榮院長在救命的事上快速的達成共識並執行。

特別高。」林欣榮告訴林文瑞，根據醫院這端的評估與理解，認為之所以如此，是因為許多民眾沒有病識感，「結果等到急性發病快要倒下去時，才想到要打一一九報案請求協助。」

林文瑞點點頭，這些他當然都知道，身處救護第一線，他們見過太多悲傷的故事，幸運一點的還能撐到醫院，至於不幸的人，結局是他不願訴諸出聲的沉重。

「我們一直在跟死神搶時間。」此時接話的是副院長王志鴻，林文瑞知道，王志鴻不只是一位副院長，同時也是相當有名氣的心臟內科醫師，在他手中救回的急性心肌梗塞患者不計其數，「我們在想，如果在緊急醫療這部分能夠加強，或許就能提升一些急性心肌梗塞病人的救活率，或是救回來之後可以大幅減少後遺症。」

王志鴻沒將後遺症說得詳細，但林文瑞怎麼會不知道？很多因為病程拖延太久才送醫的病人，即使勉強救回來了，要不插管，要不就是植物人，他們往後人生所看見的天空，永遠都是慘白的天花板。

此時此刻，他確認了眼下正是自己適合開口的時間，沒有一字贅言，沒有一句廢語，只是問：「我們可以怎麼配合？」

在林文瑞的身上，看不見一絲架子，也沒有非公事公辦的姿態，雖然消防人員有救護的能力，但是這件事的縝密度，唯有醫療端才得以統整出最佳的辦法，他深知，今日院長與副院長找他會面，也肯定是已經有了周全的方案。

林文瑞的一句話，換來了兩個滿足的笑容，計畫開始在會議室中以字句言語拼湊成型。

「院長跟副院長告訴我，如果救護車上的心電圖可以透過網路直接上傳，讓急診室跟心臟科的醫師在醫院端即時判讀，並且給予一些急救上的意見，或許就能把救命的時間拉長。」雖然已經是四年多前的事情了，但在會議上的每一句話、每一個細節，甚至是每個人說話時的神情，所有片刻的記憶情景，都還是彩色的。

當時，王志鴻傾身向前，一字一句清楚明白的承諾，「如果是急性心肌梗塞的案例，我們醫院就會同時啟動心導管室，病人一下救護車，就會馬上被推入心導管室做打通血管的手術。」

一番承諾，鼓舞人心，林文瑞聽了，心裡大喜，「也就是病人到醫院之後，不必再經過急診室的評估，直接就可以進心導管室，這無疑是開通了一條綠色通道！」

爭取預算，布建十二導程心電圖

把急診室的工作延伸到第一線，從死神的鐮刀下偷時間，光是想像，林文瑞就興奮得微微發抖，因為這代表能搶回更多「有品質活著」的生命；但振奮的心情很快就被現實給磨滅大半，林文瑞皺起眉，將心中的大石拋出，「但這需要設備的配合，全花蓮縣的消防車上，沒有一輛裝有十二導程心電圖。」

一般心電圖檢查多使用十二導程心電圖，而心電圖同時也是診斷急性心肌梗塞最方便的工具。

這塊大石頭沒有重擊會議上的兩位院長與副院長，反而換來他們坦然的一笑，並由王志鴻率先開口，說：「你放心，這個訊息我們已經有先布達出去，高雄市光之塔太極拳班願意先買一套給我們使用。」

這句話，讓林文瑞滿腔熱血重新燃起，他飛快的在腦中兵棋推演，很快就選定要讓這部珍

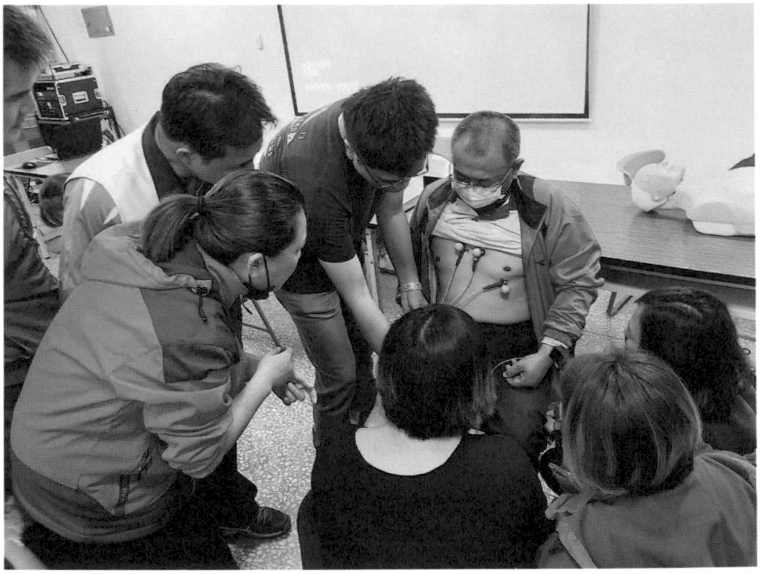

花蓮縣消防局救命心利器 -12 導程心電圖，降低心肌梗塞患者死亡率。

貴的機器安裝在壽豐分隊的救護車上。

不等對方問，林文瑞沒停下來喘口氣、喝口茶，不疾不徐的解釋著他做此決定的理由。

「壽豐可以說是前不著村後不著店。」現場的人心知肚明，林文瑞口中的村與店，絕非可以採購日常用品的村莊或雜貨店，而是醫院，「往南要送到鳳林才有醫院，偏偏鳳林的醫院沒有心導管室；往北要送到花蓮市區，也要二十幾分鐘。」

二十幾分鐘聽起來似乎不算長，但對一位急性心肌梗塞患者而言，半條腿已經踏入了暗無天日的墳墓。林文瑞深知，若論離醫院最遠的鄉鎮，和平或許也是一個試辦的好選擇，但他縝密思考後，決定還是先從壽豐開始做起，畢竟和平的人口數少，可能三個月才會碰到一個個案，也就無法快速具體的

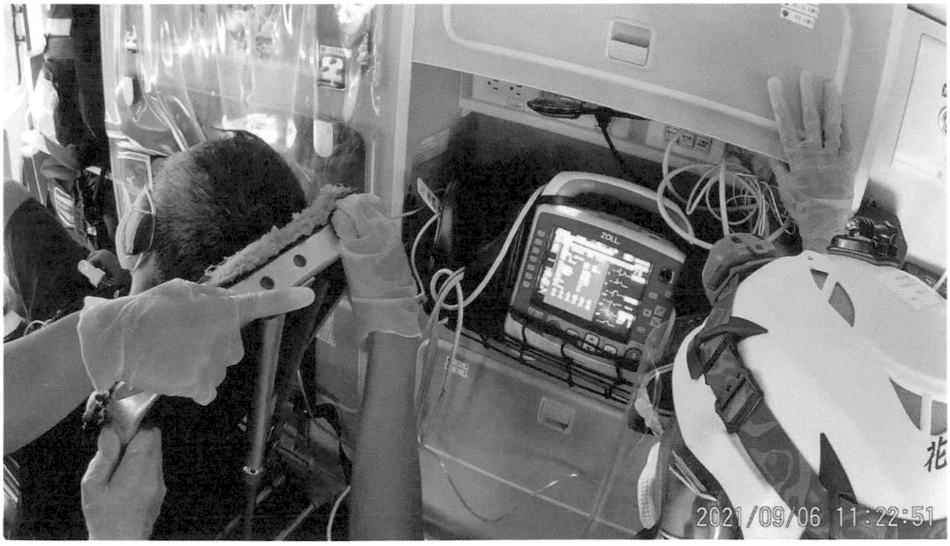

在救護車內的實況，多功能生理監視電擊器再次挽救生命。此照片為今年 9 月 6 日的緊急醫療事件，患者治療後於中秋佳節前出院回家團圓。

得知此計畫的實用性。

他的評估幾乎沒有遇到任何的異議，在第一時間就獲得兩位與會人的全力支持。

「第一個月，就有一例。」林文瑞的聲音很沉穩，剛強中也帶點執著，「在兩方的通力合作之下，我們當然是成功的把人給救回來了。」

過不久，第二個搶救成功的案例持續鼓舞人心，再不久之後，第三例的急性心肌梗塞患者也康復出院了！隨著搶救成功的人數增加，林文瑞應該是要開心的，但他的心裡卻反而醞釀一股急迫得使人心跳加速的念頭，「事實證明，這個方法是可行的，那為什麼只在一輛救護車上放心電圖機？」

於是花蓮縣消防局開始著手寫計畫，期待能透過花蓮縣政府向中央爭取數位雲端傳輸系統的建置的經費，並且為所有救護車採購十二導程心電圖。

他不是不知道要與其他縣市競爭爭取中央的經費輔助有其困難，而且要一次布建到整個花蓮地區的分隊，要做的準備太多。因此在計畫案向上提報，還沒有明確的訊息到來時，他不止一次在內心勸慰自己：「不然就慢慢爭取、逐年布建，也是可以。」

但結果卻出乎他的意料之外，在縣長全力支持下，一路過關斬將的通過中央的審核，經費也很快就提撥下來。

傾身向前，林文瑞臉上浮現興奮的光暈，「你知道嗎？現在全花蓮縣總計二十三個分隊、三十七部救護車全都配有十二導程心電圖。」

他的欣喜為剛硬的臉部線條帶來柔和，但他沒讓這股歡喜成為自大的泡泡，全國像花蓮縣這樣救護車全面配置十二導程心電圖的縣市並不多，工具的完全，不代表就能將所有的患者都給救回來，能否提升急救的能量，未來他們還得用行動一一說明。

第十八章 ▼ 和死神搶時間

★致敬——第三屆個人醫療奉獻獎得主蘇輔道（Tim Stafford）醫師（台東基督教醫院）

病人與同事形容他就像個老式的縫衣師傅，只是他縫補的不是布料，而是病人支離破碎的骨頭。身為一名骨科醫師，蘇輔道最不願做的工作就是替病人截肢，哪怕有那麼百萬分之一的機會，他都希望能讓病人完好如初的離開醫院，並且回歸到正常生活。

曾經有一名在糖廠工作的工人，因為操作機器不慎，左小腿與甘蔗一同被絞進機器裡，旁邊的同事看了，馬上將機器停下，並將幾乎奄奄一息的他與碎裂在機器裡的殘肢碎骨一同送往醫院，值班醫師一見男人的傷勢，判斷應當立即截肢才得以保全性命。

醫生如此一說，如同無期徒刑的判決，他的後半人生不難想像，他將失去他的工作無法養家活口，而且再也不能像正常人那樣正常行走。

家人不想放棄希望，於是男人被帶到了蘇輔道的面前，開口就是請求，希望醫師能接回他的左小腿。

面對這樣的難題，蘇輔道不僅沒有拒絕，還用了好幾個夜晚研究X光片，希望能盡可能的在不影響生命安危的狀況之下，將碎肢拼全。就這樣，蘇輔道為男人動了十幾次的手術，每一次都花費極為漫長的時間，才在汗水淋漓下走出手術室，然而經過他這樣的密密修補後，男人終於站起來了！

以男人的傷勢看來，截肢或許是當下唯一的選項，但蘇輔道深知，即使命救回來了，但男人的人生也毀了，因此他想嘗試，哪怕是百萬分之一的可能，他也希望拚盡全力，讓出院後的患者過上有品質的生活。

擔心病人命救回來之後，卻沒辦法過上有品質的生活的醫師，不只蘇輔道，花蓮慈濟醫院心臟內科主任陳郁志同樣也心有所感。

「心肌梗塞病人送到醫院來後，我們不到五十七分鐘就可以做完通血管的手術。」把時間一分一秒說得精確，這是陳郁志用日常累積起的經驗計算，如此加緊把病人從鬼門關前搶救回來的速度，他應當要為自己感到驕傲，但常常有些時候，他卻反而陷入柔軟的沼澤，難受得幾乎無法呼吸。

「因為病識感不足、路途遙遠、沒有叫救護車送來，有時候可能就拖了三個鐘頭、六個鐘頭。」身為一名心臟內科醫師，陳郁志無能為力為患者向上天爭取時間，他的一雙手再快，也無法把三小時、六小時的錯過給補上，「就算血管打通了，但心肌都已經壞死了，就像花草都已經枯萎了，再澆水也是沒用的，死掉就是死掉了。」

目前尚無相關再生科技，難以回轉的身體機制，導致手術雖然成功，但仍敵不過死亡的步步進逼，即使被死神放過了，也可能會深受心臟衰竭所苦，成為植物人的也不少。

執醫多年，曾有那麼幾個他拚了命搶時間，急著把血管打通把人拉回人世的病人，最後卻躺在病床上，不會哭也不會笑，剩餘的人生除了呼吸之外，只能靜默。陳郁志每每想起就覺得萬般痛苦，他苦笑著說，被家屬痛罵的經驗，也不是沒有過。

「那個患者真的拖太久了，最後我們很努力把他救回來，但那時的情形不得不做氣切。」出院後家人因為無力照顧，只能將病人送到養護機構去，每個月三四萬元的沉重負擔幾乎壓得他們喘不過氣來，悶了滿肚子的苦水，最後全數吐向陳郁志，大罵：「當初要氣切，就應該先告訴我們，如果我們知道會這樣，我們不會選擇像現在這樣被折磨！」

折磨的豈止是家屬，誓願窮盡自己所有能力讓病人獲得良好醫治的醫護團隊們，內心更是百般煎熬，如果可以選擇，他們也希望揪緊心用雙手搶救回來的病患，能安康的重展人生。

急診室的延伸，救護救命

根據中華民國心臟學會依據健保公開資料，二〇一八年全臺各縣市急性心肌梗塞的發生人數約有一萬六千人，其中以新北市最多，然而若以每十萬人口發生率來看，花蓮縣以每十萬人就有十五點四人的發生率居冠，南投、基隆與臺東排名其後。

面對花蓮地區急性心肌梗塞的發生率，陳郁志坦言，過去有十年的時間裡，他們都在導管室等病人來。回首起那一段漫長的日子，他們不斷的訓練自己通血管的速度能更快更安全，期待能將專業技術向上提升。

病人一個接一個被推了進來，他們一個接著一個救，但令人痛心的畫面卻不斷在上演。但他們並沒有深陷迷霧之中，反而力求身心平靜，找出通往出口的方向。後來花蓮慈濟醫院甚至更進一步授權給負責檢傷分類的急診室護理師，如果覺得符合急性心肌梗塞症狀的患者，無須掛號，即可直接做心電圖，而心臟內科醫師也會在十分鐘內完成判讀。

陳郁志回憶這些年來團隊不斷在微調各項細節，目標卻始終如一——力求在最快的速度內將病人送入心導管室。

「但我們一直在想，有什麼方法還可以再改進？是不是還可以縮短到心導管室的時間、救更多的病人？」多年來他心心念念，也不斷將這些問題拋出討論，「我們已經把院內的時間盡可能壓縮了，接下來或許只能從現場到急診的這一段時間下手，想想該如何壓縮時間。」

陳郁志表示，當症狀出現，胸悶超過十五分鐘，其實血管就已經塞住了。在心臟缺血的狀況之下，就容易發生心律不整的狀況，「如果沒有及時處理，當他電線一短路，人就倒下去了，旁邊若沒有人會急救，後果真的不堪設想。」

然而沒有人是先知，擁有如此觀念的民眾也不多，而最讓陳郁志苦悶的是，根據院內統計，利用救護車將急性心肌梗塞患者送到醫院來的，僅兩成不到。

陳郁志之所以希望民眾能利用救護車送醫，除了是因為救護車的送醫速度快，車上還有接受過救護訓練的消防員陪同，聽聞全花蓮縣的救護車都配有十二導程心電圖，並且與醫院連線，他更是樂不可支，「急性心肌梗塞的判斷，靠的就是心電圖，只要有心電圖，我們就能知道他是不是這類型的患者。」

於是，陳郁志找上花蓮慈濟醫院企劃室組長唐昌澤討論，由於唐昌澤曾參與花蓮縣消防局第一台心電圖機捐贈事宜，同時也是救護義消大隊的成員，他心想，若能透過消防夥伴們的幫忙，將急救延伸到救護車上，橫亙無解的問題就可能有看見天光的一刻。

「我們成立了一個群組。」陳郁志拿出手機，打開 LINE 的對話群組，「在這個群組裡，有

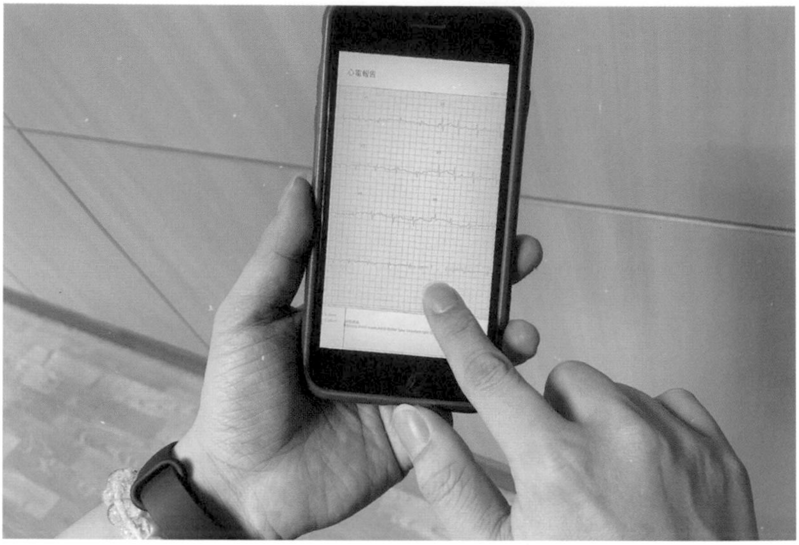

醫院端接到救護車上傳來的心電圖，即可展開判斷。

消防隊、花蓮慈濟醫院以及門諾醫院的急診室跟心臟科的醫師，現在消防員只要在救護車上做好心電圖傳過來，醫院端馬上就展開判斷。」

對於群組的設立，無論是陳郁志或是唐昌澤都感到同樣的樂觀。

「大家的目標很一致，就是試著多做一點，希望能有所改變、救回更多心肌梗塞病人，這也是救護義消大隊長吳坤佶指示我要全力協力的原因。」唐昌澤簡單的幾句話，背後卻是不斷嘗試與調整的汗水；從加入LINE群組開始，他就徵得陳郁志的同意，每個月將花蓮慈濟醫院救心小組值班表上傳至群組，「我的目的就是希望讓消防員知道，每天都會有一位值班醫師擔任大家的靠山。」

分秒必爭，搶通心血管

對於群組裡只有門諾醫院與花蓮慈濟醫院的團隊，陳郁志補充解釋，正因為花蓮目前只有這兩間醫院設有心導管室。

問他，既然心導管室有如此重要的救命功能，何以不是每間醫院都有配置？

將手肘輕靠在桌上，面對這個問題，陳郁志並不覺得難以回答，或許民眾會覺得醫院的設備必須齊全，但其實經費與人才往往都是影響一間醫院營運與所能提供服務的基礎要素。

「一間導管室就要上千萬，儀器也非常的昂貴，後續的維護更是不容易，除此之外還需要有特殊技術人員以及心臟科醫師。」花東十七家醫院有大有小，要能支撐得起一間導管室的建置與維護費用並聘請願意來此服務的醫護團隊，陳郁志不由得苦笑了一聲，直說這一切都很難。

然而即使能量有限，他們還是希望可以為患者多做一點，隨著全縣救護車上完備十二導程心電圖，緊急救護群組的討論就更顯活躍。

起初，當十二導程心電圖裝設在所有救護車上，花蓮慈濟醫院特別為消防員們開設心電圖判讀課程，但他們很快就發現，消防員畢竟不是醫護，量測還能透過訓練加快速度，但判讀無疑是門艱澀的學問。

「其實課程結束之後，我們就已經感受到他們的壓力。」看著一張張緊揪著眉頭的臉，陳郁志不由得想，倘若消防人員在判讀上沒有信心，原本想要搶快的美意，將會變成在加重第一線救護人員的心理負擔。

幾乎沒有遲疑，在課程結束之後，他們決定還是將判讀回歸醫護，讓第一線的消防夥伴們著重在量測心電圖的工作，不必再糾結如何判斷；但從此之後，陳郁志的手機就不停的在響，就像隨身帶著一台不斷電的收音機。

無論晨起黃昏，只要訊息跳出，即使連在開會，他也會不顧一切的

花蓮慈濟醫院心臟內科主任陳郁志。

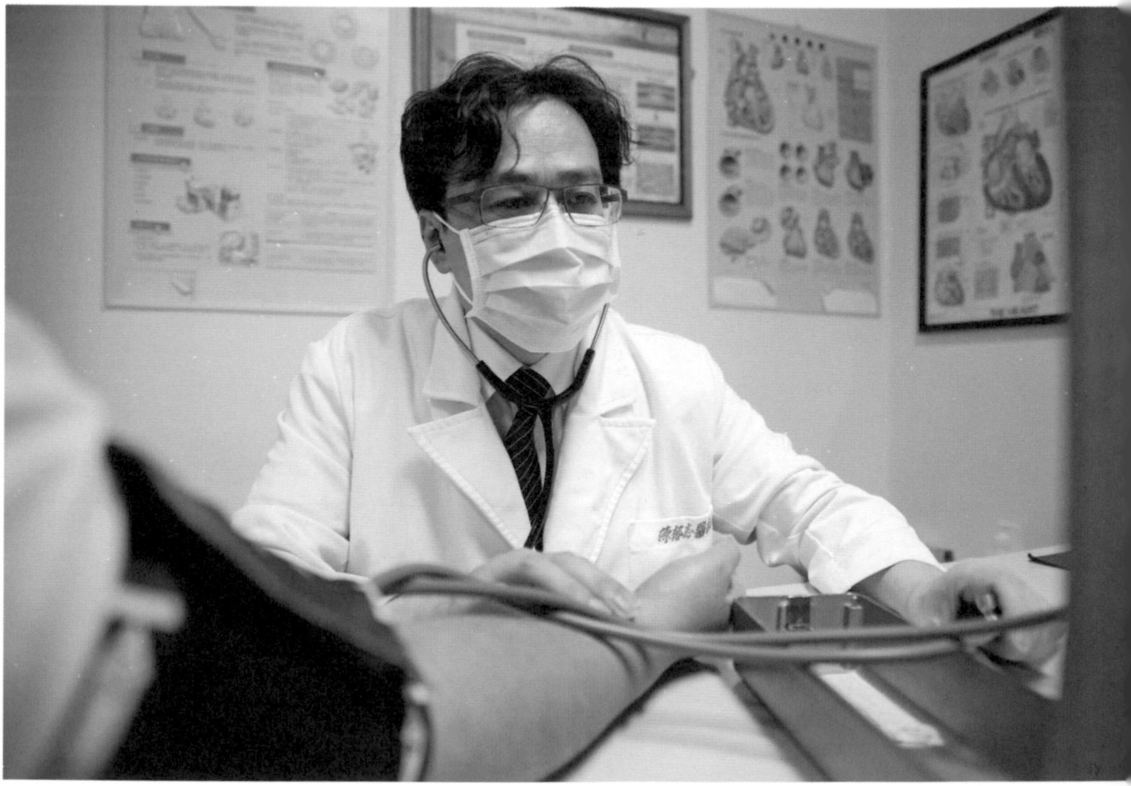

把手機拿出來，將心電圖放大細細判識並回應。有人曾問：「你開會怎麼都不專心？還一直在傳訊息。」

問題並不唐突，也沒有惡意，陳郁志並不會因此而覺得深受譴責，新的任務展開，並非所有人普遍都知道，因此疑問還是得要解答，「我這是要救人命的，不能不回。」

把話說得輕鬆，但唯有當事人才知道，每一則訊息進來，就可能是一條命陷入危急的時刻，只要錯過任何一條訊息、太晚讀取，就可能會讓靈魂的色彩走向黯淡。

救護鳴笛，即刻救援

確實有因此而救到人命嗎？

聽聞提問，陳郁志的雙眼充滿著光芒，雙頰向上鼓起，直說：「當然有，還不少喔！」

「新城鄉那位，從有症狀到通完血管才二十八分鐘！」說完，陳郁志不禁又再重複一次，證明自己所言無誤，「二十八分鐘是從有症狀開始，而不是送到醫院之後。」

聽患者清醒來時轉述，他這才能補上那些他沒有參與過的生命片段——原本患者是想自己開車到醫院的，胸口的緊縮讓他悶得難以呼吸，評估自己的狀況，心想住家到醫院也不過十幾分鐘的路程，應該不會有什麼大問題吧？

他的自信，換來的是同行鄰居的謹慎，「不行，你看起來明明就很不舒服，還妄想要開車？」邊說著，鄰居趕緊打電話請求救護車的支援。

救護車在抵達之後，車上的救護人員馬上就替患者做了心電圖，並將結果上傳群組，陳郁志很快就看出來，那些彎彎曲曲的線條正在呼喊著救命！「是急性心肌梗塞，我們馬上把導管室準備好、醫護團隊都到位，在醫院等著他來。」

後來病人恢復良好，三天後就能起身行走，不久後也就出院了。

一個故事剛說完，陳郁志大氣也不喘，急著分享第二個個案，那是採訪前一天才剛發生的故事。他說，當心電圖傳來時，是清晨七點三十分，好巧不巧，他正在刷牙。

即使正在洗漱，他的手機也放在伸手可及之處，打開群組，他赫然發現心電圖上顯示的危險訊號，「患者的心肌梗塞非常大片，狀況非常嚴重。」

陳郁志咬著牙刷，迅速的空出手在手機上寫下簡短的一個英文單字——STEMI，這是急性

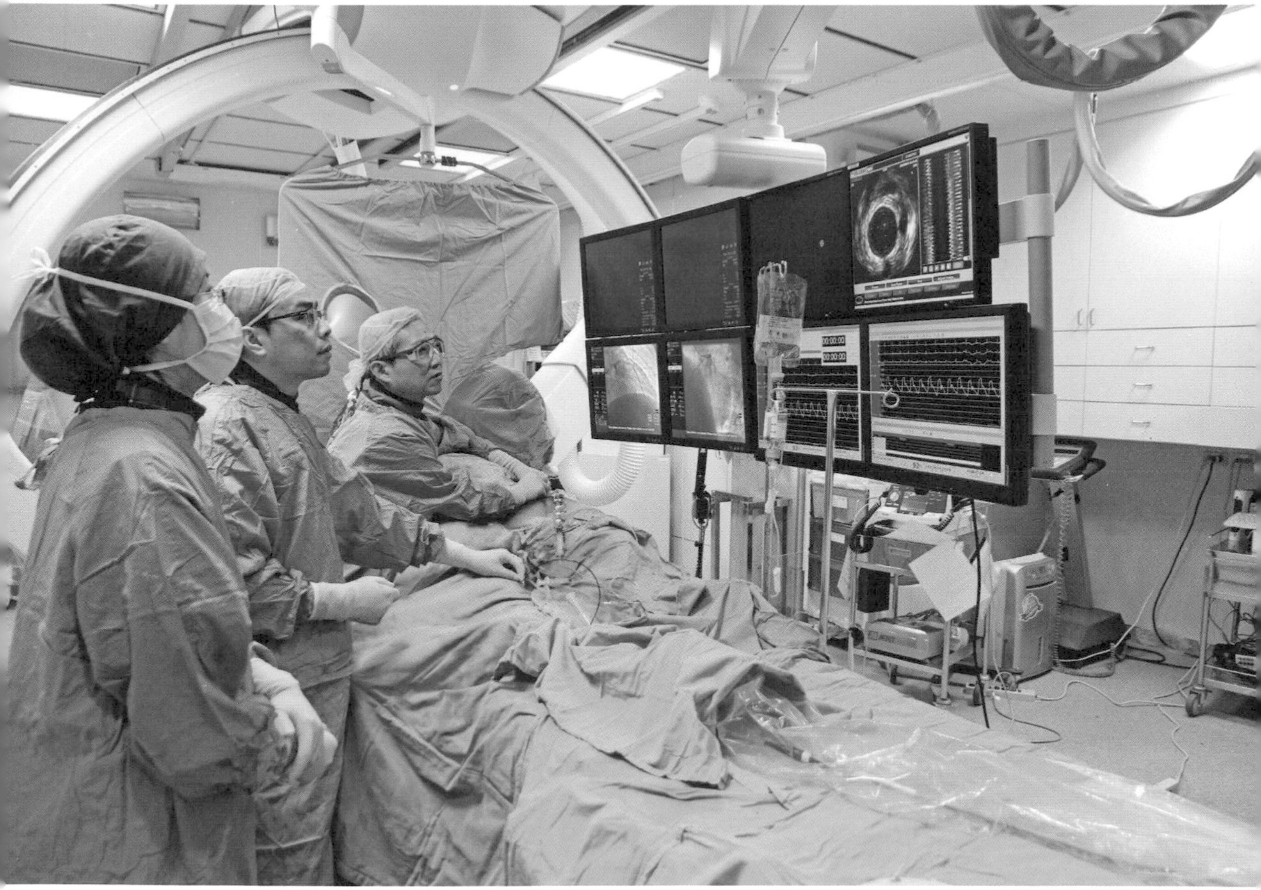

面對困難個案，王志鴻副院長（右起）、陳郁志主任等人常會一起幫病人找到
最合適的通血管方法。

心肌梗塞的代號，全文是 ST-elevation myocardial infarction，ST 段上升型急性心肌梗塞，代表供應心臟的冠狀動脈血管已經完全被血栓所阻塞，時間拖延愈久，心臟肌肉將會開始流失，更嚴重者甚至有心臟破裂的情況產生。

陳郁志趕緊往醫院衝了去。因為救護人員表示，他們會送往花蓮慈濟醫院。

故事暫時說到這裡，陳郁志就急著打斷補充，「這也是緊急救護群組的優勢，至少在救護車上救護員就知道病人是什麼病症、該送哪間醫院，否則如果責任醫院沒有心導管室，到了那裡還要再轉院一次，就拖更多時間了。」

「我衝到急診室的時候，王志鴻副院長已經在那裡等了，他早我一分鐘到。」右手握拳，敲擊左手掌心，陳郁志講得扼腕，彷彿像個搶輸玩具的孩子，淘氣的說著，王副院長肯定比他早起，要是他刷牙再刷快一點就好了。

輕鬆的話語暫告一段落後，陳郁志繼續說著當天的過程，「我們醫護團隊、心導管室都準備好時，這個病人在哪裡？他還在救護車上。」

笑容裡有著對團隊救命熱忱的珍惜，陳郁志表示，緊急救護群組的成立不僅是為了要提供第一線救護人員最專業的判斷，好讓他們能做最適度的急救處理，除此之外，也是讓醫院端在病人送抵之前就做好最充分的準備，當時不僅心導管室已經啟用，急診室也早已備妥葉克膜、電擊設備。

「因為王副院長在群組裡就講，這個患者一定會馬上休克。」陳郁志微微一笑，欣慰的繼續說著團隊的速度有多快、心臟外科醫師的支援有多迅速。

遠遠聽到救護車的鳴笛聲，所有人在秩序中一擁而上。

「果不其然，病人一到急診室時，已經沒有呼吸心跳了，我們馬上就進行電擊。」電擊的次數，陳郁志沒忘，總計有四次，隨後由心臟外科醫師為病人裝上葉克膜，再交給心臟內科醫師推入心導管室通血管。

有救回來嗎？筆者的這句問話既微弱又遲疑，就怕聽到不美好的結局，但陳郁志第一時間就安了彼此的心。

「這是昨天早上發生的事，我估計明天就可以把病人的葉克膜拿下來了。」陳郁志雙眼裡都是溫暖的笑意，一如他呵護病人的那分心，緩緩的說著，整個救心的過程，絕非是個人功勞，「是團隊，是第一線的消防與醫院的醫療共同組成的大團隊，大家一起在幫病人搶時間。」

區域聯防，救更多的人

救命的任務還沒結束，緊接著第二步，他們選擇開通區域聯防，運用風險移撥款設置「遠距醫療諮詢平台」。唐昌澤進一步解釋，花蓮慈濟醫院是花蓮唯二有心導管室的醫院，另一家是門諾醫院，因此不少病人在外院診斷後，會再緊急轉院過來，「當病人在救護車上要轉診過來的這段路程中，外院的醫師馬上就能上傳檢查圖像與數據，並透過視訊提供給我們這一端的醫師資訊以利後續診療判斷。」

唐昌澤表示，已經有不少醫院啟動視訊診療的服務，但多數都是在門診，民眾必須事先掛號，依照醫院設定的門診時段登入系統，再由醫師進行診療；然而急診就醫時間不確定，原有的視訊診療系統並不適用。

團隊只得從頭來過，光是讓程式研發團隊理解就醫流程就花去許多溝通時間，直到二〇二〇年八月才有初步的應用系統，並依照計畫分別前往北榮鳳林分院、北榮玉里分院與玉里慈濟醫院逐一測試與溝通，終於在九月份正式上線運作。

二〇二〇年十月一日，第一例個案出現了！北榮玉里分院轉來一位因為胸悶休克的三十九歲女患者，轉院路程足足有一個鐘頭又二十八分鐘，所有人都心知肚明，漫長的車程拖延的將是生命得以搶救回來的機率。

「所以在這一段轉院的過程中，兩間醫院同時做了很多事情。」唐昌澤表示，準備的過程使人感到思慮灼燙，他們知道，病人已經失去了一個半鐘頭的救命時刻，如何能讓這一個半鐘頭變得更有意義，全在他們的作為中。

於是花蓮慈濟醫院在接到通知之後，馬上透過視訊北榮玉里醫院的醫師進行討論，同時也啟動綠色通道，所有相關醫護人員、手術室都已經集合待命並準備就緒，並在通訊軟體LINE群組中，開啟了跨科部的會診。

「我們要做的事情就是把握這個車程時間，把該做的事情全都準備就緒，病人一來，馬上就可以做檢查跟治療。」唐昌澤拿出手機，對話視窗裡有各式各樣的醫學名詞，每一則訊息都可能是救命的關鍵。

那是一個自發性破裂的罕見動脈血管瘤，導致心包膜血腫而併發的心肌梗塞，病因很複雜，但手術卻很順利。

「這是我們第一個遠距緊急醫療轉診的個案。」唐昌澤止不住臉上的笑意，直說這個個案挑戰很大，因此所帶來的成功更能激勵人心，「讓我們知道這麼做真的有用！」

第十九章 ▼ 提升救護能量

★致敬——第四屆個人醫療奉獻獎得主施雅璞護理師（台東聖母醫院）

當施雅璞決離開家鄉美國來到臺東之後，她心裡很明確的知道，此行要去之處不如大都會區，是個醫療資源不甚豐沛之處。但她怎麼也想不到，匱乏竟如此之多。

由於在地沒有護校，也沒有大城市的護理師願意到後山來，因此醫院新召募進來的助理護士大多都沒有過學校的訓練，必須仰賴第一線的護士悉心帶領與教導。然而小鎮醫護原本就匱乏，助理護士無法在第一時間上手並提供必要的協助事小，但東部民眾在醫療服務水準若因此而低於其他地區，那實在是相當不公平。

然而無論是有專門講師授課的課程，或是專家學者的演講，都集中在北部以及西部的都會區，有心的同仁常常得運用自己休假的時間，自掏腰包迢迢奔赴北上，只為了聽一場一至兩個鐘頭的演講或課程，無論是時間成本或是預算成本根本不划算。

有感於此，施雅璞心想，那麼請講師們來臺東辦講座、辦課程，豈不是更好？但她也深知，來一趟東部路途迢迢，若無熱忱與動力，大部分的講師都不會願意，為了提升同仁們的專業，施雅璞奔走四方，運用自己的人脈，無論是相識的朋友或是教會的力量，在四處請託之下，終於有幾名專業的講師願意到臺東授課。

開課在即，施雅璞的心卻不平靜，她不斷在思考，只有自家醫院能量強，那麼能夠受惠的病人就相當有限，於是她將這些訓練課程大方分享給東部有需要的同業人員，無論是其他醫院、衛生所，乃至診所若有需要，都可以一起來聽課。

施雅璞對於東部地區護理人員訓練不足、課程資源匱乏的體悟，就像一棵假裝沉睡的大樹，即使已經時隔數十年，仍默默的伸展枝芽，就在所有人以為便捷的交通可以解決一切的此時今日，它在花蓮縣消防局長林文瑞的心中展開墨綠色的大葉，滴下象徵無助的汁液。

他是位局長，即使時時刻刻都挺直著腰桿，但在很多時候，位處東部地區的他卻顯得無助而渺小。他是一位局長，掌握著整個花蓮縣的消防員的救災能量與救護能量，這是他必須做的功課，因為在必要的時候才能運籌帷幄，讓花蓮整體的救災、救護能量發揮到淋漓盡致。

他想做的事很多，但現實總是不斷的朝著他拋出難以高攀的挑戰，很多時候，他的兵、他的將就是不夠多，例如高級救護技術員（EMT-P，以下簡稱 TP）的人數。

「在二〇一七年以前，整個花蓮縣消防局只有十七位高級救護技術員。」十七的數字或許難以想像是多是寡，然而若是以花蓮縣總計共二十三個分隊作為分母，平均每個分隊擁有不到一個TP。

這不是一個暗藏的祕密，卻是一個挖掘不到地下水源的枯井，長久以來花蓮縣TP的人數始終不足。卻也難以補全。

臺灣的緊急救護技術員體系（Emergency medical technician，簡稱EMT）分為三級──初級救護技術員（以下簡稱EMT-1）、中級救護技術員（以下簡稱EMT-2）以及TP，各個級別能夠執行的救護範疇並不相同。

其中EMT-1受訓時數為四十個小時，通過考核之後，除了基本創傷的包紮止血之外，還可以執行檢傷分類、心肺復甦術、急產接生以及使用自動心臟電擊器（AED）。

而受訓時間總計兩百八十個鐘頭的EMT-2能做的救護範疇更廣，包含給予生理食鹽水、葡萄糖，也能協助患者使用硝化甘油舌下含片、支氣管擴張劑、監測血糖等。

緊急救護技術員體系中最高級別即為TP，能提供的服務項目更多，除了給藥之外，也能做些較為侵入性的治療，如電擊、注射、氣管插管以及使用體外心律器，因此受訓時間不僅長達一千兩百八十個小時，審核過程也更為嚴謹，必須通過國家級的測驗，才能取得TP證照。

在林文瑞的心中，TP的人數意義重大，他們不僅是急重症患者的第一線搶救者，更是能讓救護車成為移動急診室，將急診室的工作延伸到更前線的拉弓手。

TP的存在是一種美麗，然而對林文瑞而言，十七的數字卻是一種哀愁，要鼓勵同仁接受TP訓練並不難，有心者大有人在，然而多年來，東部地區始終沒有專責訓練醫院，同仁們要從EMT-2晉級，只能苦等中央開課，迢迢奔赴南投訓練基地受訓。

「但長達一千兩百八十個小時的訓練，等於我們的隊員足足有八個月的時間都沒辦法在花蓮。」林文瑞感慨的表示，消防分隊執行勤務眾多，但人力卻相當有限，每日的工作人數已是吃緊，倘若一個分隊有一人請了八個月的公假，無疑是讓整個分隊陷入排班的窘境，遑論距離家庭也太過遙遠。

「當二〇一八年全花蓮的消防車上都裝設十二導程心電圖之後，我們就開始在思考，既然設備有了，我們的人員也要跟著提升才行。」一開始，他們選擇退而求其次。林文瑞進一步解釋，消防員在學校畢業之前，畢業門檻之一即是得通過EMT-1的審核，而EMT-2的訓練，在地消防局就可以承擔起訓練、測驗，並發予與證照，「所以我們就想，至少將所有人都提升到EMT-2。」

花蓮縣消防局開始大動作的統計，發現仍有三十七名第一線同仁只有EMT-1的資格，於是在極短的時間內籌備訓練課程，並要求同仁參與受訓，甚至也邀約有意願提升自我能量且出勤

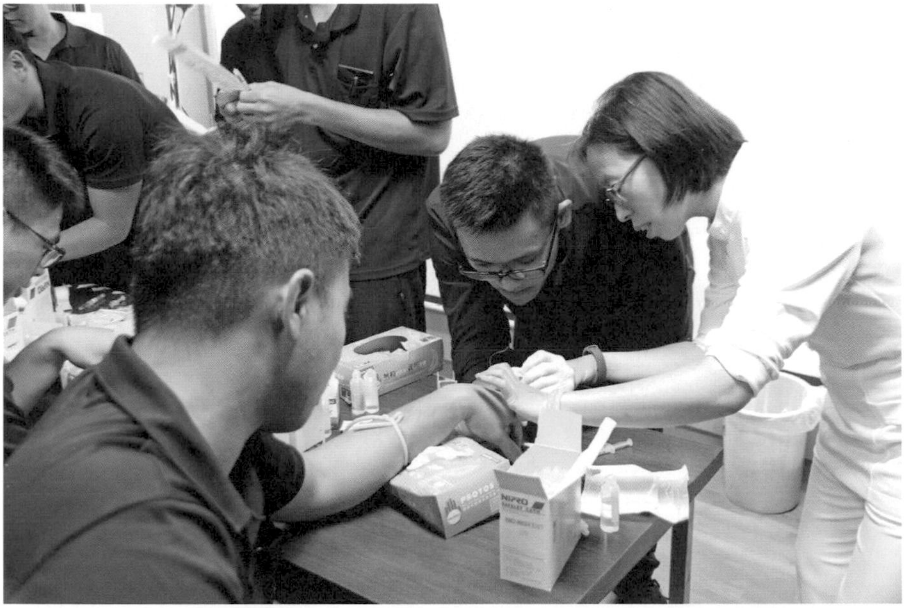

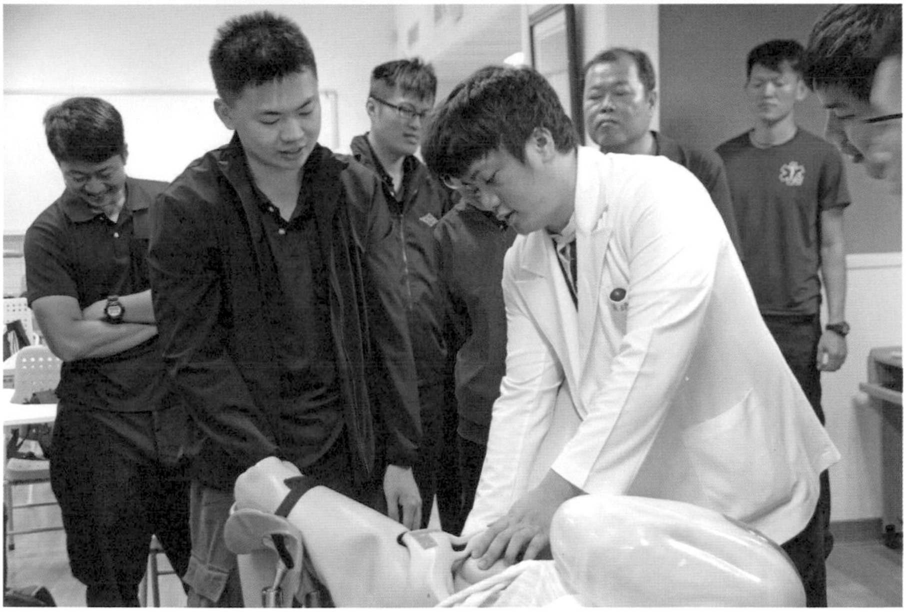

急診資深護理師蔡雅雯教導注射技巧（上圖）、婦產部醫師黃琦教導如何接生（下圖）。

率較高的救護義消一同前來受訓。

「在二〇一八年，花蓮縣總計就訓練出四十五名 EMT-2。」如果可以，林文瑞多希望可以滑入美好的夢境裡，但睜開眼所見的現實，已經是能力的極致，他也該安慰了，「課程結束後，花蓮已經沒有 EMT-1，所有第一線消防人員至少都有 EMT-2 的執照。」

鄰居持援，籌備 TP 訓練

「EMT-1、EMT-2 我們消防局還可以自己辦，但 TP 的訓練不是我們想辦、想做就可以的。」林文瑞表示，訓練 TP 的單位一定得申請通過衛生

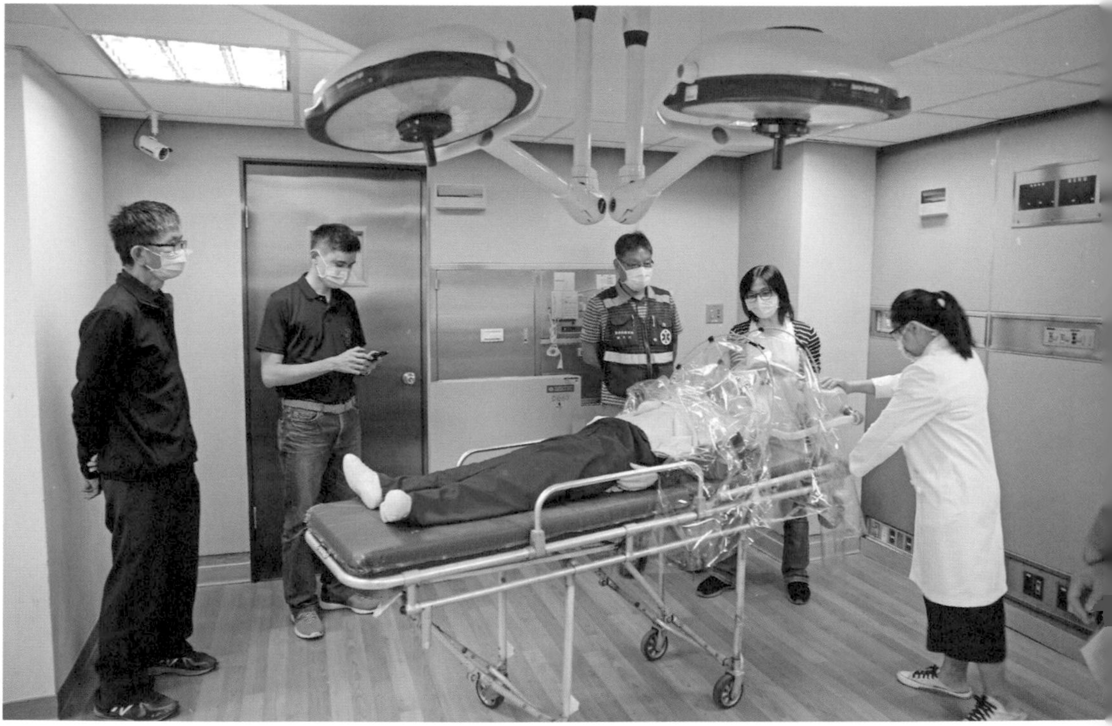

去年起，發生 COVID-19 疫情，TP 訓練課程還加防疫罩的使用，以確保救護人員與醫護人員的安全。

福利部的認證，但花蓮與臺東地區，卻連一間通過認證的機構都沒有。

他彷彿正站在一座蕭瑟淒涼的花園裡，這裡既沒有綠意，也沒有清泉，他該如何孕育出更多的TP？

正當他陷入愁苦時，他望向了窗外，那近在咫尺、沐浴在豔陽下的花蓮慈濟醫院彷彿像是躲正在盛開的沙漠玫瑰，剎那間，他知道自己不必向施雅璞護理師那樣四處奔走，眼前，他或許只需要前往那棟建築物，靠近那一朵象徵著希望的紅，或許就能找到足夠的信心，建置起一座長年都在他心中的繽紛花園。

這一回，換他主動找上花蓮慈濟醫院院長林欣榮，相同的會議室，同樣的座位，黑色的辦公椅坐起來比想

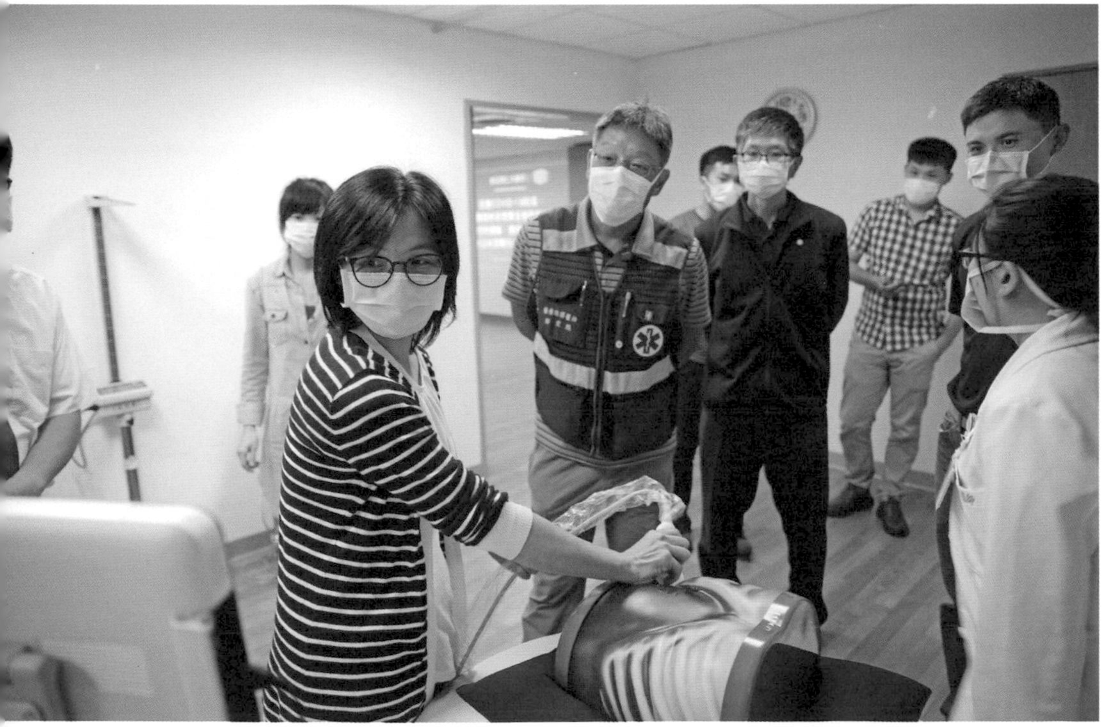

急診醫師賴佩芳教導超音波的操作。

像中還要舒適，眼前還有院長最喜愛的牛蒡茶正冒著熱騰騰的白煙，一度薰得他鼻頭裡一片濕潤。

「院長，你們連醫生都有辦法訓練了，一定也有能力可以訓練 TP。」他們隔著一張橢圓形的桌子兩兩對望，兩人的距離很近，足以一伸手就觸碰到對方，讓林文瑞至今想來都覺得溫暖的不是那一杯茶，而是當時他與林欣榮院長兩人的心竟是如此的靠近。

沒有讓林文瑞等太久，瞭解需求之後，林欣榮就開口了，「這是應該要做的事情，我們馬上向衛生福利部著手申請成為專責訓練醫院。」

林欣榮不只同意了這項請託，同時也向林文瑞道謝，「當年我們證嚴法師看見了花蓮地區人民的需求，即使募款艱辛，還是發起了大願，希望可以蓋一間設備完善的醫院，讓病人不必再翻山越嶺到北部醫院求醫。」

林欣榮說話一向又急又快，但此時此刻，他選擇放緩身為神經外科醫師說慣了的急促語氣，掏出的那一片真心有花朵的芬芳。他說，花蓮慈濟醫院在眾人的期待下成長茁壯，如今更是承擔起醫學中心的角色，信守當年守護花東地區的承諾，看著林文瑞的眼，烏黑堅定，「如今，你們願意一起來守護這片大地，我們沒有理由拒絕，一定全力協助，不要讓我們辛苦的消防員們還得翻山越嶺去接受訓練。」

資深教官凃炳旭教導如何做一個有品質的心肺復甦術。

在結束與林文瑞的訪談之後，筆者回過頭再問林欣榮，花蓮慈濟醫院原本就具備專責訓練醫院的能量嗎？他肯定的給予正面的回答。

再問，那麼通過專責訓練醫院資格，對醫院而言會產生什麼影響，只見他咯咯輕笑，直說哪有什麼麻煩，彷彿這件事對醫院而言，就像他手術房裡的一場小手術。但過了一晌，他還是熬不過自己的坦白，說：「不麻煩，只是責任變大而已。」

花蓮慈濟醫院雖然擁有醫學中心的資格，但比起全台醫學中心，它不僅是規模最小，也是人力招募最不容易的醫學中心，多年來為了引進新血、網羅優秀人才，林欣榮與院內醫師們無不耗盡口舌與全身氣力，如今不僅得做好院內的工作，還得承接訓練重責，他的回答驗證了他回應林文瑞的話，並沒有半絲台面上的虛情假意，唯有一片真誠。

林欣榮並不後悔允下承諾，因為守護生命的磐石早已在他心重奠下重量，「如果有人願意跟我們一起守護花東，大家彼此結合，讓力量變得更大，我們可以照顧到的人就更多了，這一直以來都是我們醫院的核心目標；所以林局長主動來找我們做這件事情，我們理應當仁不讓。」

沒有拒絕的理由，只有共同的目標，林欣榮的一番承諾，讓走出醫院那舒適空調回到烈日下的林文瑞感到如沐春風，就緊急救護合作的經驗，他知道，林欣榮院長也是個急性子，這件事情必能很快就成行。

他的期待。果不其然在極短的時間內就看見了開花的美麗樣貌，二〇一八年八月花蓮慈濟醫院向衛生福利部遞交申請，不到一個月的時間就獲得衛福部回函、同意成為 **TP** 訓練機構，獲得核可之後，立即開設 **TP** 訓練課程，並配合花蓮縣消防局的需求，第一期預計招募學員為二十位，期待能將十七的數字改頭換面。

他們都深信，這也不會是花園最終的樣貌。

第二十章 ▼ 長期戰役

★致敬——第九屆個人醫療奉獻獎得主耿喜音（Carol J. Gunzel）護理師（台東基督教醫院）

初到臺東，耿喜音就面臨到小兒麻痺的浪潮，慈悲的醫師們不斷的帶來病患，安排一台接著一台的手術，希望能透過矯正手術為患者們帶來可以行走的機會。這個期待對四肢健全的人而言或許微渺，但之於小兒麻痺患者來說卻是奢侈，無論如何，他們都想拚搏爭取那一絲的希望。

耿喜音毫無意外的也得跟著進入開刀房承擔起麻醉的重責，有很長的一段時間，她是醫院裡唯一的一位麻醉護理師，面對著醫院裡那台老式的麻醉機，她必須仰賴不斷的擠壓呼吸袋，才能讓病患持續獲得調整後的純氧與二氧化碳。

一整天下來，即使雙手痠疼，她也未曾停下手中的工作，她深知，一台手術的成功與否，醫術固然最為重要，麻醉也關乎著病人的生命安危。

擠壓呼吸袋看似只需慣性動作，然而事實卻非如此，其中仍有其技巧與訣竅，既不能壓得太快，也不能壓得太重，無論是速度或是力道都得斟酌拿捏，因此負責這個工作的耿喜音更得分秒專注。

曾經他們遇到一個狀況危急的婦人，為了要救活性命垂危的她，耿喜音足足擠壓了七個鐘頭的呼吸袋，雙手禁不住疲累的痠疼、發抖，但她不願放棄，也不願假他人之手，在自己的身體狀況已經到了極致時，她只能不停的向上帝祈禱，盼主能給她力量，讓她撐到病人狀況平穩的那一刻。

漫長的時間過去了，耿喜音在七個鐘頭之後終於能心滿意足的緩緩的放下呼吸袋，因為病人的狀況終於平穩了。

耿喜音為了病人而強撐起自己的耐力，在為了承擔起訓練高級救護技術員TP的重責，而不斷尋求資源的花蓮慈濟醫院專責工作人員身上，同樣也能看見。

花蓮慈濟醫院急診部專任專科主治醫師徐子恒還記得開訓的日子，那是二〇一九年二月，是一年中即將邁入春暖花開月份的前奏，對他們而言，也是讓花蓮縣TP遍地開花的起點。

談起冠在自己身上的另一個頭銜——急診部緊急暨災難醫學科主任，語氣了有身負重責大任的壓抑，表示為了培訓TP，花蓮慈濟醫院特地成立緊急暨災難醫學科，可見醫院對此事的重視，也可見這個任務的工作量是多麼沉重與繁雜。

談起剛接下任務時，徐子恒語氣中的壓抑消散了，取而代之的是微微的羞赧，因為打從一開始，無論是課程安排、講師協尋，甚至是考試方向，他們的腦中只有輪廓，具體細節就像一幅散落的拼圖，還得花上一段時間一一拼湊。

開課在即，他們沒有時間慢慢探索，於是幾乎沒有任何遲疑，他們決定向外請求支援。四葉草雖然難尋，可始終都在花園之中，當時遠在新北的臺北慈濟醫院，成為他們最大的助力之一。

「臺北慈濟醫院急診部急診內科主任陳玉龍醫師幫我們非常大的忙。」談起陳玉龍醫師，即使筆者與徐子恒分隔兩地，僅靠電話聯繫，但仍能聽出他語氣中的萬般感激，猶如陽光照射在河面上，閃著波光粼粼的光澤。

他解釋，陳玉龍醫師是急診外傷訓練課程的指導員，曾訓練過不少北部地區的 TP，課程終了之後，情誼仍在延續，至今都與這群 TP 與教官維持良好的互動。

聽聞花蓮慈濟醫院接下訓練工作，陳玉龍不求回報的馬上幫忙介紹、聯繫曾經有帶過 TP 的教官或是已經勝任教官的 TP 到花蓮幫忙。徐子恒感激的表示，不只有陳玉龍大方馳援，許多相關的指導醫師一聽他們的需求，幾乎都是二話不說就提供協助，無論是經驗分享、協助課程規劃，又或者是引薦課程講師，「大家真的很熱情，或許他們跟我們並不熟悉，但聽到東部終於有人要做這件事了，都很想幫忙一起成就。」

一陣由各地飄來的及時雨，成功的讓花蓮慈濟醫院在開辦訓練課程的第一年，成為足以栽下種子的肥沃土壤，無論是完善的課程規劃，或是考試所需要的器材等通通一應俱全，北部的教官師資甚至也不辭辛勞的在整整八個月的時間裡通勤往返。

「我們醫院從沒做過類似的訓練，整個花東地區也沒其他醫院做過。」在前無古人的案例依循之下，徐子恒更感謝來自四面八方的應援，「當我們尋求幫助的時候，就可以找到人，現在想來，覺得真是何德何能。」

報名人數，超乎預期

隨著四處取經的過程，徐子恒也逐漸了解國內訓練 TP 的環境，「有醫院就很發心在這件事情上，幾乎全國各地四處去標案，但偏偏就是不會標到東部來。」

深入了解之後，徐子恒這才知道，光是要將講師、教官請到東部來，即使對方有意願，但把龐大的交通費、住宿費等算進來，遑論不敷成本，無疑是個賠錢的標案。

東部地區的 **TP** 訓練費用，由花東地區永續發展基金支持，並交給花蓮縣消防局公開標案，雖然花蓮縣消防局長林文瑞事先請求花蓮慈濟醫院院長林欣榮的協助，但無論是否是東部的醫院，都有資格參與投標。

「招標的時候，我們以為其他醫院也會來參與投標。」徐子恒的語氣裡有些失落，但也有驕傲，「但是事實上卻只有我們去，讓大家退卻的主要因素，就是成本上的考量。而我們考慮的不是單純成本問題，而是未來整個花蓮的急救水準。」

扛起許出的承諾，花蓮慈濟醫院於二〇一九年首次舉辦第一期 **TP** 訓練的重責，然而預算畢竟有其上限，因此首次訓練只開放二十個公費受訓名額。

在正式開放報名之前沒有人敢懷持著浪漫的遐想，就怕最後報名狀況不佳，心裡徒增傷感。然而因為是首次在地舉辦，因此出乎意料之外的吸引了許多有意願的消防員報名，人數甚至超過原先預定的名額。

「最後我們總計招收二十一名。」談起那超出額度的那一位，徐子恒的感動，隨著字字向上堆疊，「有一位他真的很想受訓 **TP**，不惜自費五萬多元也要來上課。」

訓練成果，看見急救能量提升

採訪的此時，徐子恒已經訓練了兩期的 TP，正在籌備第三期的訓練，雖然已經開始熟悉訓練的作息，但過程依舊艱辛漫長，他不禁有感而發的說：「不管是對醫院來說，或是對警消來說，這都是一個長期的戰役。」

長期跟學員相處，徐子恒漸漸也開始了解消防隊的文化，這才知道他們也同樣面臨人力吃緊的問題，「長達八個月的時間，拉出二十個人出來訓練，等於這八個月裡就會少二十個人在線上執勤，這對待在分隊的警消來說，其實是很大的負擔。」

這個負擔，不僅各分隊得承受，急診部的醫護團隊，同樣也得挪撥時間化身講師參與訓練。

問徐子恒，急診室的工作分秒必爭，不僅壓力大，工作量也不少，還得額外承擔起訓練重責，是否有不同的聲音出現？對這個帶點尖銳的提問，徐子恒以智慧應對。

「現在我們已經訓練兩期總計四十幾名的 TP 出來了，大家慢慢的看到這兩年投入心血所發酵的成果。」徐子恒將語氣填滿歡愉，「我們發現最近 OHCA（到院前心肺功能停止）救回的機率有增加。」

急診室醫護最大的成就感，無疑是將瀕死的患者從死神手中搶救回來，然而環環相扣的是，若前端急救的時間稍有延宕，成功率就可能大幅降低。徐子恒與同事們都深知，之所以比起從前有如此美好的成果，救護車上消防員的急救發揮了一定的作用，「只要他們有豐富的急救知識，並且能把到院前的急救動作確實做好，那麼來到我們這裡之後，把病人救回來的機率就高出很多，而且病人出院後的生活品質都很好，這個就更讓人振奮了。」

TP課程總計一千兩百八十個鐘頭，徐子恒仔細計算，一天課程排定八小時，一週上五天課，前後八個月的日子，密

花蓮慈濟醫院王志鴻副院長親自主持高級救護技術員開訓。

密麻麻的課程就像一朵繡球花，在花瓣與花瓣之間幾乎找不到空隙，然而正也因為如此紮實，才能芬芳美麗。

他坦言，起初同事們也曾質疑，訓練出這麼多的TP真的能有效提升第一線的救護能量嗎？如今這樣的聲音早已消散在急救成功患者的呼吸之間，徐子恒輕笑著說：「現在邀約他們來當講師時，幾乎都是一口答應的。」

往南走去，能量加成

課程的紮實與講師的經驗值，無不都是影響訓練成效的至要關鍵，除了急診室醫護的支援，當課程在上到小兒急救時，徐子恒會特別請來小兒科醫師上課，有關婦產科的內容，則請婦產科醫師擔任講師，其他像是神經內外科、心臟內外科也都盡量請來專科醫師協助課程進行。

水缸裡的水縱然飽滿，也需要天降甘霖增添水氣，除了院內的專業能量支持，其他像是大量傷患、野外醫學、空中救護等，則是透過醫護們各自的人脈，請來該領域的專家前來授課。

他們期待，課程不只是為了消耗時數，而是在分分秒秒的學識與操作中，讓有心來學習的警消們從中獲得未來在救護現場的應變技能。

如今花蓮慈濟醫院正在籌備第三期 **TP** 訓練，徐子恒坦言，這是他一開始從未想過的未來。

「原本想說第一期跟第二期訓練出四十幾位，對花蓮來說應該很夠了。」他笑言，花蓮縣消防局的心願卻不僅如此而已。

花蓮縣消防局長林文瑞為這句話做了更完整的回答。計數兩期 **TP** 完訓之後，連同原本的十七位 **TP**，全花蓮總計有五十七位 **TP**，這個數字就像暴風雨過後突然急漲的河水，但對林文瑞而言，還不足以解渴，「我希望可以再訓練二十個 **TP**，理由很簡單，就是普及率與覆蓋率。」

說話的同時，林文瑞的雙手安安靜靜的擱在座椅的扶手上，但他的腦袋卻像一部雲霄飛車，不斷的急衝再轉彎，思考停不下來，「如果再訓練二十個，我們就有七十七位，加上通過訓練的救護義消四名，總計就有八十一人。」

林文瑞話說得飛快，應和著他心中的雀躍，「等同於我們二十三個分隊平均至少有三名 **TP**，即使我們是輪班制的，每天也都會有一至兩位在第一線執勤。」

他未曾仔細的去計算全臺各縣市 **TP** 的比例，但幾乎可以肯定的是，倘若第三期訓練完成並全數通過，那麼花蓮縣的 **TP** 占例將會是全國排名的前端。

花蓮的成就，鄰近的臺東也看見了，對於這個相為比鄰，且無論是地理條件、醫療條件都相去不遠的鄰居，花蓮很樂意將資源與臺東共享，因此二〇二一年開始籌備的第三期不僅在花蓮開課，也在為臺東縣消防局開辦相關課程。

徐子恒表示，由於台東馬偕醫院尚未符合訓練醫院的資格，因此由自家醫院先取得標案後，再安排院內的人力南下支援，結合當地台東馬偕醫院等在地資源，預計培訓人數約三十名左右，這一回他所聽到的耳語趨近於零，「雖然工作加重了，但身處急救第一線，我們知道臺東的狀況，因此所有人都是樂見其成的。」

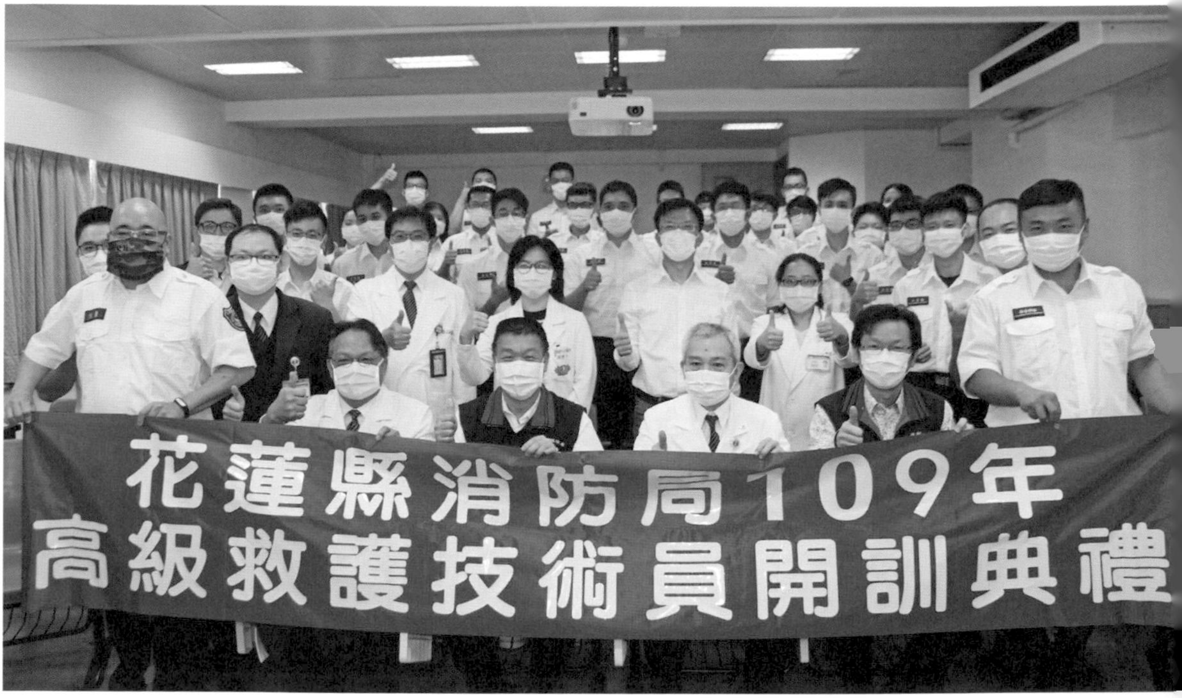

花蓮縣消防局局長林文瑞（前排左二）希望透過高級救護技術員的訓練，發揮緊急醫療的良能，守護更多的生命。

對比三年前，最令他們為難的師資，也有了乍現的曙光，除了同事們的支持，第一期所訓練出來的 **TP** 有幾位也取得教官資格。

從訓練生手，到如今已經能將經驗輸出，徐子恒在採訪最後，不由得欣慰的表示，感謝自己身處在一個對的年代。

「很多以前在花蓮的前輩，其實也想為緊急救護做一些事情，也很努力，但成果卻相當有限。」這幾年來，雖然為了訓練課程，生活變得忙碌，精神也總是疲憊不已，但他內心一塊一塊疊上的情緒積木，只有象徵感謝的顏色，「學長們大聲疾呼，但卻不見成效，而我們很幸運可以身處在這個世代，見證並參與前輩的夢想在我們眼前逐漸成形。」

第二十一章 ▼ 行動急診室

★致敬——第十一屆個人醫療奉獻獎得主柯彼得（Peter Kenrick）醫師（台東聖母醫院）

他本來是準備要回澳洲的，但一張廣告把他帶往了另一座小島，至少比家鄉澳洲還小。廣告上是臺灣台東聖母醫院的短期招聘，希望能有醫師能到醫院短暫支援兩個月的急診室醫師。

兩個月很快就過去了，但他卻捨不得離開，一股強而有力的力量將他緊緊拉住，他決定要在臺灣留下，希望讓這陰雨綿綿的地方，揚起一彎彩虹。

在臺東多年，柯彼得不止一次看見居住山區而難能就醫的苦楚，許多病患甚至只是因為一個傷口而枉送性命，因此當醫院成立家庭訪視隊時，他幾乎沒有考慮就決定投身其中。

當時臺東偏遠山區遑論是條柏油路，許多小徑也只能容一人步行，每當來到車子不過去的小路時，柯彼得就得下車步行，幾次之後他甚至連車都不坐了，全程騎單車上山！

柯彼得熱愛單車運動，也曾在幾個比賽之中獲得不錯的名次，一般人騎單車上山一趟可能得耗時六、七個鐘頭，身扛醫藥箱的柯彼得不僅能將時間砍半，甚至到了山上也不休息半晌，立即就能投入在工作之中。

一次、兩次、三次……當地居民無不佩服柯彼得的耐心與毅力，「鐵騎醫師」之名不脛而走，對村民而言，他不僅是一位來自大醫院的醫師，同時也是偏鄉山區的行動急診室。

在火焰高張的現場，人們稱他們是打火英雄；在生命陷入糾結難纏的苦痛時，人們改口喚他們救護員。消防隊員們的人生無疑就是另一個柯彼得，以現代的新名詞來形容，這是斜槓人生，而花蓮分隊隊員劉冠英也是在這樣人生裡兜轉的其中一員。

從慈濟科技大學護理科畢業之後，劉冠英與同儕無異，幾乎沒有任何的遲疑就踏入了醫院，只是他沒選擇進入臨床，而是轉往擔任醫療計畫的研究助理，因為他心中還有個夢，這個夢隨著時間在眼前無限蔓延，鋪出一條既柔軟又誘人的道路，他知道自己終有一天會勇敢踏上，只是在此之前，他的能力還不夠。

他希望他雙手所具備的醫療能量，能有更多的挑戰，消防隊員就是他實踐夢想的那一把鑰匙。

「當時我就想，消防隊員也負責跑救護，協助緊急救護的患者，身處急救第一線，挑戰一

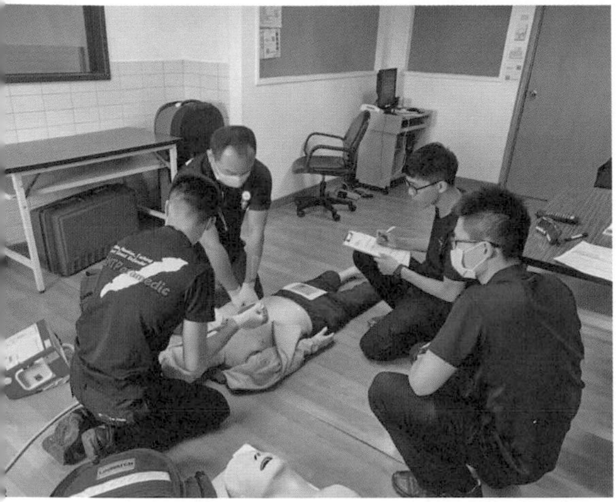

定更大。」劉冠英說著話的語氣、速度，步調緩慢，但飽滿著力量。為了更瞭解消防隊平日的工作與運作模式，他利用自己的休息時間，到消防分隊擔任協勤緊急救護工作的「鳳凰志工」，他在分隊學習急救的知識，也隨著救護車出勤。

日子一天一天過，白日與夜晚不斷的交錯，四年很快就過去了，劉冠英不僅瞭解消防隊的運作，也更加確定自己的未來的那道光會是什麼顏色，無庸置疑，他想當一名消防員！於是他開始準備考試，充滿幹勁的他在二〇一五年順利通過特考班的測試，考取消防員的資格。

夢想成真的起初，甜蜜的汁液不斷滋養他的心田，他以為自己會迅速的成長茁壯，萬萬沒想到，會遇上一道難以攀爬的高牆——身為中級救護技術員的他，倘若要考取到高級救護技術員（EMT-P，以下簡稱TP）的資格，實在為難，難的並非是他沒有充足的準備，而是名額相當有限。

「每一次訓練，開放的名額很有限，都會區幾乎就占去很多名額。」劉冠英幾乎不太需要動用到手指頭，就能數出花蓮的配額，「聽學長們說，我們能分到兩個名額就很不錯了。」

談起配額，劉冠英的語氣中沒有太多惋惜，因為比起前輩們的生不逢時，劉冠英顯得幸運許多，在他下分隊服務兩年之後，花蓮縣就開始自辦TP訓練課程，不僅能於在地醫院受訓，第一期所開放的名額，足足是過往每一回中央釋出給花蓮的十倍！

「聽到開課訊息時，我覺得是一個機會。」劉冠英已經從學校畢業多年，但笑起來的聲線還是像個大男孩，他說自己幾乎是在第一時間就舉手報名，「對救護一塊我是真的很有興趣，能夠充實自己的能量，我當然不想錯過。」

第一期總計訓練二十個名額，劉冠英坦言，參與其中的學員各有自己的動力與心思，雖然心底風光不盡相同，但通往的美好未來都是一樣的，「在這八個月的學習過程中，我們懂得更多，能做的事情也更多了，大家對救護的熱情就開始醞釀起來了。」

熱情的升溫無疑是營造整體氛圍的一根火柴，從溫溫的小光點，到足以照出所有人奉獻身影的美麗燭光，有心投入的人多了，緊接著第二期、第三期的TP訓練，也同樣都在第一時間就報名額滿。

分享經驗，考前特訓

身為第一期的「白老鼠」，劉冠英坦言，在學習的過程中並非一路順遂，過程中的坎坷雖然不比大山，但小山坡也足以讓他們爬得氣喘吁吁。

他以實習為例，第一期學員的實習單位有國軍花蓮總醫院、花蓮慈濟醫院以及門諾醫院，然而不熟悉醫院內部配置、常規以及檢驗方式的他們，猶如劉姥姥逛大觀園，陌生成為他們最大的絆腳石。

「由於先前沒有先對醫院有初步的瞭解，除了要熟悉環境，醫院學長姊交代任務時也常常讓我們不知所措。」劉冠英曾經有在醫院臨床的經驗，在稍微調整過後，多少就能跟上醫院的節奏，但不少隊員可沒那麼幸運，「這樣的我們反而變成了醫院學長姊的負擔。」

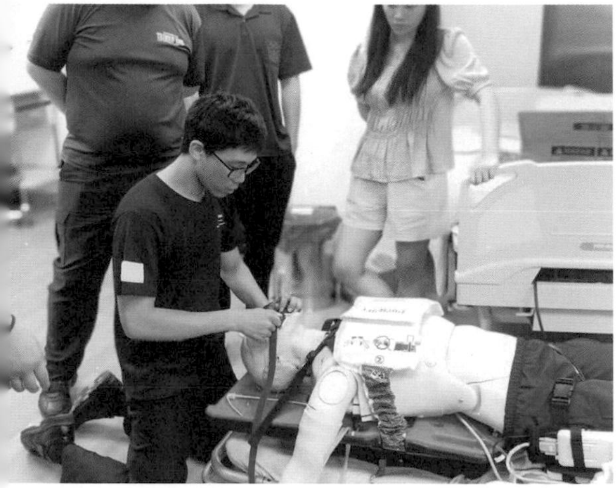

有鑑於此，當第二期訓練開辦時，沒有上級命令交代，純粹自動自發，劉冠英召集了近十位第一期通過的學員自行組成考前特訓班的教官班底，不僅利用休假時間撰寫實習交戰手冊，也各自依照所長分配教學內容，在消防局內為第二期的學員開設考前特訓課程。

「也就是說他們除了到醫院上課之外，回來之後我們也有特別課程，主要是告訴他們實習醫院有分哪些區域、醫療常規跟檢驗流程是什麼，也針對考試流程幫他們加強訓練。」劉冠英回想起當時，他們這些第一期的學員們，甚至還特別犧牲休假，在考前為學員們辦了兩次模擬考試，規格比照國考等級，就是希望讓第二期的學員能從容應試。

問劉冠英，為了這些考前的密集訓練，他們花了多久的時間？

他想了一會兒，只能抓個大概，前後約莫一個月。語畢，再開口都是對老婆的歉意，低聲呢喃著：「那一個月為了幫第二期集訓，我幾乎沒有回家，我真的是很對不起她……」

墜落懺悔的時間沒有太長，劉冠英很快就撐起精神，將訪談導回原本的話題，表示第二期的學員最後以全數通過的好成績回報他們的努力，他樂得說：「他們是該年度全臺舉辦 TP 訓練唯一全部通過的，這是我們最希望看到的，也是我們最大的回饋。」

劉冠英口中的美好風景，花蓮縣消防局長林文瑞也看在眼裡，他欣慰的表示，自從花蓮開始自主舉辦 TP 訓練以來，各分隊的氛圍就開始在改變，以跟他同處在同一棟樓的自強分隊為例，即使過了晚上九點鐘，圖書室猶然燈火通明，每一盞燈所照亮的，是一個個匍匐在書面上的背影，而在白天裡，也總有人在操作、練習著基本救護動作。甚至在平常的救護案件回來之後，他也會見到隊員們特地坐下來開會討論，剛剛的救護執行是否還有可以做得更好、更迅速的方式。

救護前端，救命的開始

身為一局之長，林文瑞樂見同仁之間的互信互助與彼此提升，也看見這片逐漸肥沃的泥土地上，洋溢著豐饒的氣味，除了內部的優化，他也發現第一線救護同仁與醫院之間的信任感比起過往變得更加緊密。「我們的同仁在實習時，會到各醫院的急診室，一來知道急診室的運作模式，再來對於醫院的規定也能比較充分的理解；另一方面，醫院帶過這些人，知道他們的能力在哪裡，也會比較信任我們的隊員。」

林文瑞的看見，身處第一線的劉冠英自然感受更是深刻。

劉冠英表示，在訓練以及實習過後，警消人員更能瞭解病人在送入急診室之

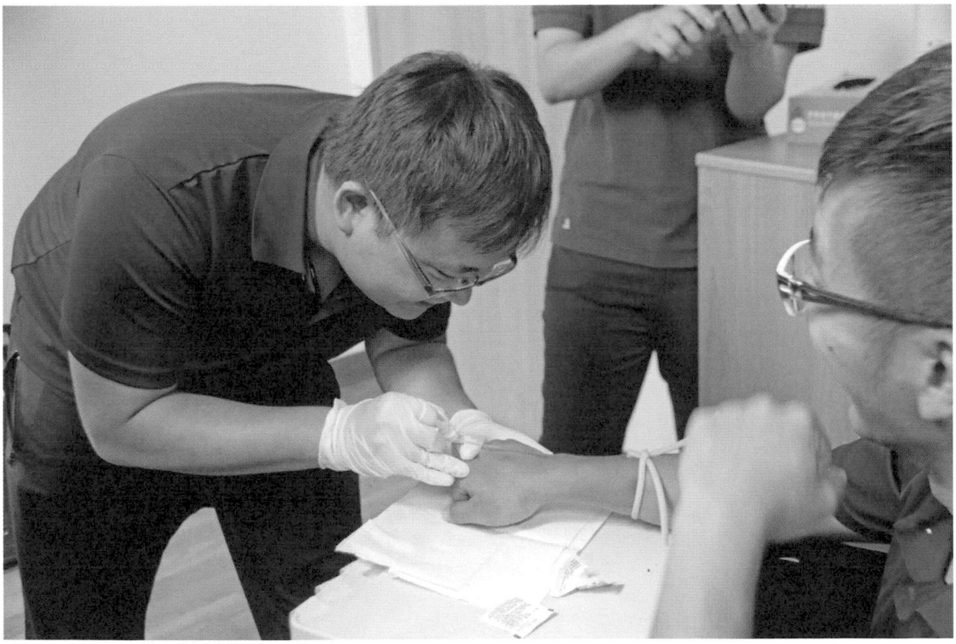

高級救護技術員在訓練過程還須練習打針技巧。

後，醫院可能的處置與流程，他們吸取、記憶，同時也運用在日後的緊急救護案件上，倘若是他們可以做、身邊也有相關的器材與檢驗設備，就能早一步在送院前先完成部分的急救工作。

他以低血糖患者舉例，在 TP 訓練之後，同仁們的打針技術有了顯著的進步，在到院前就能將針給打上，他進一步解釋，此舉能提高患者到院前清醒的機會，「到了急診室之後，醫護團隊可能連針都不用打，只要做些檢查，說不定很會就能讓患者出院了。」

劉冠英直言，這不僅是為了要減輕急診醫護的部分負擔，同時也是將緊急救護的能量發揮到極致，「這意味著，我們替病人把急救的時間往前拉，為他們搶時間。」

「十二導程心電圖就是一個最好的例子。」劉冠英曾計數做十二導程心電圖的時間，約莫需要五分鐘，也意味著第一線的他們得承擔時間的壓力，但幾乎所有人對於十二導程心電圖布建在救護車上，都舉雙手贊成，「如果真的遇上了急性心肌梗塞的病人，我們這五分鐘，換來的替他開啟一條綠色通道，也替醫院爭取更多的準備時間。」

最後，劉冠英更談起了最困難的救護案件——到院前心肺功能停止（以下簡稱 OHCA）患者。

「課程結束之後，我們更加明白，原來單純的 CPR，也有所謂的高品質 CPR 之分。」劉冠英表示，若 CPR 做得更有品質，判斷速度夠快，能挽救的生命質量就會更高。

對此，林文瑞也樂於分享一個實際案例。

對於故事發生的確切的年份與日期，早已經消失在眾多的回憶之中，但林文瑞沒有忘記的事，這個案件是發生在第一期 **TP** 正在實習的時候。

「當時實習醫院引進了最先進的電腦模擬設備，模擬當遇到急產的產婦時，該怎麼幫助她。」林文瑞笑言，當時醫院大方的提供給學員們練習，大家也「玩」得很開心，「沒有人會想到，不久之後，他們真的就遇到了一個急產婦，而且還是最棘手的胎位不正！」

林文瑞分析，其實初級救護技術員就有急產接生的訓練，急產婦對第一線的救護人員而言並不算是特別棘手的任務，然而胎位不正的急產婦可就非同小可，除了孕婦與孩子的生命安危，即使接生出來，如果過程中沒有處理好，還可能會留下後遺症。

林文瑞描述此案件時，神情輕鬆爽朗，因此也不難預見故事將會有個令人心安的結尾。

隊員們最終順利的把孩子接生下來，確認母子均安之後就緊急送往醫院。到達醫院之後，接手的醫生做了初步的檢查，確認情勢穩定後，不禁回頭以讚歎聲表示肯定，直說「你們怎麼有辦法接生下來？」說完，又補上一句：「你們怎麼那麼厲害！」

儘管林文瑞表面上平靜，但他嘴角勾勒起的幅度，不難理解他內心其實是帶著熾熱的雀躍，也深為自己的同仁感到自豪，「這個訓練，讓我們真正成為名符其實的行動急診室。」

經由扎實的訓練，成果寫在教官和學員的臉上。

第二十二章▼火車出軌救援

★致敬——第十屆團體醫療奉獻獎得主九二一救災醫療團隊：竹山秀傳醫院、埔里基督醫院、埔里榮民醫院、草屯佑民醫院、東勢農民醫院、大里仁愛醫院、衛生署豐原醫院等代表

一九九九年九月二十一日當天凌晨的一震，讓震央附近多數鄉鎮牆倒屋毀，也震得所有聯外道路柔腸寸斷，奈何受困在瓦礫堆下的人們聲聲呼救，支援卻始終無法送入及時雨。此時，當地醫院只能撐起全身力量，接收一個又一個被送進醫院來的傷者、亡者，即使醫療能量有限，他們不僅沒有拒絕，甚至還得在水電中斷的情況之下，力圖搶救尚存有生存希望的受傷患者。

在聲聲悲吟中，就連部分醫院、診所也難逃大震的摧毀，第一時間把院內的病人安全移出之後，醫護們心想，既然醫院已經無法運作，不如就往那些需求聲去吧！他們毅然決然的背上醫療箱，踏著一路碎石瓦礫挺進最重災區救援。

即使身處困境，但在地的醫療人員不會是孤獨的，當道路逐漸搶通，來自全臺各地的醫護人員即使摸黑、擔心有落石坍方風險，仍不顧一切的往災區紛紛走入，隨著天光漸亮，消息逐

漸明朗，而後紛紛報名投入災區支援的醫療能量不斷增強，即使再偏僻的小鄉鎮都有醫療團隊的進駐。

除了醫護人員，藥師、醫檢師、中醫師以及心理醫師等也未曾缺席，據衛生署統計，災後總計有兩百多家醫療院所無私投入支援，總計更有高達五千人次的醫師、九千人次的護理師參與救護工作。

對此，立法院厚生會創會會長黃明和認為，在大災難中，醫療衛生界團結一心，才能讓災民的傷亡降到最低的程度，他肯定的說：「評審團決定將醫療奉獻獎團體獎頒發給九二一醫療團隊，可謂實至名歸。」

九二一大地震過後，天災與人禍始終沒有放棄伸出醜陋又殘忍的手，每一次的降臨依舊來得令人措手不及。然而面對慘重傷亡與災區搶救，主責緊急救護的第一線必須得面對分秒必爭的壓力，花蓮縣消防局林文瑞認為，平日所奠定的救護基礎與救援準備，將能在第一時間發揮最強而有力的作用。

「其實我們真的沒有預想到，這幾年的高級救護技術員的訓練，竟然可以那麼快就在這麼大型的緊急救難上派上用場。」如果可能，林文瑞反而希望大量災難的意外，終生都遇不上，然而事情終究是發生了。

二〇二一年清明連假的第一天，太魯閣列車在花蓮縣秀林鄉的臺鐵北迴線和仁段清水隧道北口撞上了從邊坡滑落到鐵軌上的工程吊貨車，因而導致脫軌意外，巨響之後，原本寧靜的隧道口飄來呼喊、求救、哀鳴、呻吟的各種聲響，天空中翱翔的大鳥，不僅嗅到空氣中逐漸散開的血腥味，還有死亡的氣味。

意外終究是發生了，林文瑞只能正面看待，「TP的訓練對於這次我們的救災，發揮了很大的作用。」

林文瑞表示，依照緊急應變中心前期指揮所的要點規定，在面對如此大型的救災現場時，現場的救護指揮官由消防隊承擔，且一般而言大多是由大隊長級別擔任；當救護端將傷者移出後，就會交由醫療團隊，後續無論是檢傷分類、送醫分流，皆由衛生局派任的醫療指揮官負責。

現場的責任分明，一如東

部的海岸線，一邊是海，一邊是崖。然而意外發生當天，是清明連續假期的首日，行政機關人員幾乎都在休假，衛生局的醫療指揮官要趕過來需要一點時間，協助現場交通管制的警察單位也還沒到達現場，另外負責大體運送的民政局也因為適逢假日，恐怕要臨時銷假調派人力過來是有困難的……

此時此刻，第一時間趕赴現場救援的消防隊員，眼見時間一分一秒的過，人命猶如指縫間的細碎砂石，正在緩緩的流失，他們幾乎沒有思索的時間，就決定擔起所有職務的協調責任。

這絕對不是一個輕鬆的決定，但在人命關天的現場，在低矮的令人喘不過氣來的隧道口，這就是他們眼前能夠給救命之氧。

把握分秒，衝向救災現場

回想起當時，第一時間就抵達太魯閣列車出軌意外現場的花蓮分隊隊員劉冠英坦言，遠遠看到凌亂的現場，還沒下車，龐大的壓力已經足以將所有人壓垮，看著尚能行動的民眾，撐起受傷的身軀四處尋找家人，隧道內散落著一地的行李、碎片，呼救聲就像一首沒有盡頭的交響樂，不斷的傳來令人悲愴的呼喊，他不斷在內心告訴自己必須沉著冷靜，勢必得趕快將這群遭受驚嚇且受傷的人們盡快送出這個既危險又傷心的地方。

雖然只是一名隊員，但花蓮縣消防局始終認為，面對大型災難，無分階級，專業就是引領所有人安然抵達的領航塔，劉冠英也在第一時間就授命現場救護指揮官的工作。

劉冠英與現場 TP 們都曾接受過大量傷病患事故的訓練，或許實際經驗不足，但要怎麼規劃執行，他們的腦中早已置入了一張詳細扼要的清單與流程。

「我們很快就先成立大傷站，緊接著開始分配任務。」採訪的此時，事故已經過去兩個多月，然而對劉冠英而言，這場事故已經銘刻在心。如今想來，劉冠英的內心充滿感謝，「我

0402 太魯閣列車出軌意外，花蓮縣消防隊高級救護技術員很快成立大量傷患檢傷站。

0402 臺鐵太魯閣號事故，花蓮縣消防局高級救護技術員很快自各消防隊到達現場分工搶救生命。

很感謝我的同事們都很相信我的指揮，而且很多人受過 TP 訓練，我不用說明太多，他們就可以快速去應對。」

無論是後送、動線安排或是救護車的管制，全都有條不紊的在進行著。

但未來的命運永遠都是未知，事情也不會永遠順利，很快的，劉冠英就發現一大難題，原本他們設定從北口將傷患送出，但第七節車廂與第八節車廂的傷患卻因為車體嚴重堵塞隧道而無法從北口出來。

南邊需要支援。於是他趕緊請跟同是第一期訓練出來的 TP 莊英佑擔任分區指揮官，「他在那裡把他的角色任務做得很好，把人安穩的後送出去。」

雖然當時很多工作原本並不屬於消防隊的權責，但他們做來卻得心應手，劉冠英分析，與當時訓練實習時，進而了解各醫院的能量有關，「我們知道每一間醫院的能量以及能處理的程度在哪裡，所以很快就能決定哪些傷患該送到那間醫院去，才能獲得更符合需求的治療。」

汗水在內襯裡瘋狂奔流，但救援的速度不曾停下，愈往封閉的隧道內前進，救援就更加困難，但他們知道，只要稍緩腳步，能聽見的聲音就會愈來愈少，他們得加緊動作，能救出的人命才會更多。

最後，他們僅用了短短四個鐘頭的時間，就將數百名民眾後送離開，包含到醫院接受治療、到臨時安置所以及大體運送等，完美調度近百輛的救護車，這樣的成績，讓看過不少大場面的林文瑞也不禁稱讚起自家同仁的表現：「在那麼困難的作業環境下，只用短短四個鐘頭，速度真的很快！」

身為一局之長，他感謝也欣慰，直說這是「養兵千日，用在一時」的最佳寫照。

大傷應變，積極布局

在救援任務結束之後，理應卸下一身疲憊充分休息的劉冠英，卻怎麼也無法入睡，他的思緒就像大雨過後的溪流，奔騰、衝撞，不斷的自問：「我們還能怎麼做得更好？」

劉冠英進一步解釋，自從二〇一八年花蓮發生那一場奪去十七人性命的地震發生之後，花蓮縣府考量轄內地震、颱風頻繁，為了能即時搶救並減少死傷，因此花蓮縣衛生局特別成立「區域災難醫療救護隊」，由花蓮縣內共計八家醫院提供符合緊急醫療需求的醫師、護理師以及醫事行政，採共同設計、訓練及運作模式，有系統化的整合醫療資源，期待能藉此減少等待外援的時間。

目前花蓮縣地區災難醫療救護隊有兩百多位成員，而劉冠英則任訓練教官。劉冠英笑言，也因為平時與衛生局的緊密的聯繫、合作訓練，因此在災難發生第一時間可以快速的調度各單位的資源，整合於現場應變。

「太魯閣出軌意外事件結束之後，我跟衛生局開會時就提出了一些建議。」當面臨大型的救災現場時，將由衛生局派任的醫療指揮官負責檢傷分類、送醫分流，劉冠英建議，此時消防隊員或許也能提供相關的建議與協助，「舉例來說，他今天如果派出的醫療指揮官是某個醫院的醫師，那他可能不會很了解其他醫院的狀況，我們就可以適時的提供一些建議。」

他始終認為，面對如此大型災害，分工合作是為了讓現場工作更有秩序，但在某些狀況下若能緊密交流，就能發揮一加一大於二的成效。

「當時衛生局同意了這個建議。」劉冠英表示，自己只是一名普通的基層人員，他的聲音能被聆聽與採納，是自己的幸運。然而在會議上，他提出的建議還不只有這一項。

「因為我對大傷有興趣，所以有投入一些研究。」在劉冠英的電腦裡有個資料夾，裡頭全都是他已經完成、但仍在等待實踐的發想與規劃，而其中一項，正是大量傷病患的器材設備。

談起這項計畫，他顯得興致勃勃，表示原本消防隊使用的大量傷病患救護器材既多又重，導致第一線救護人員抵達現場後，還得多花一些時間才能將檢傷分類站建置完成，而他發想的模組器材選擇捨去過往器材的缺點，不僅簡便，也能放置在救護車上，「當有災難發生時，我們就能以最快的速度架設檢傷分類站。」

規劃需要時間，而採購則需要經費，令他驚喜的是，衛生局聽了他的想法之後，幾乎沒有任何遲疑就通過了採購預算。

如今器材有了，TP 訓練也邁入第三年，人力已然充裕，然而這並不代表無須在縝密編織學習網，由於大型災難並非每一名隊員都有機會能夠遇見，往往只能透過課程學習相關應對。

為了讓大家能在不幸發生時，在現場快速應變，由劉冠英發想，並與同事黃翊豪、部立花蓮醫院李懿慈護理師共同合作，研發一套「大量傷病患桌遊器材」，透過桌上模擬，進一步學習現場建立 ICS（緊急應變指揮體系）、檢傷分類、治療與後送順序以及資訊回報等。

問劉冠英，這套發想躺在資料夾多久了，他想了想，笑說大概有兩年的時間了。如今能獲得支持並在訓練課程中提供學員使用，讓他感到萬般欣慰，然而他要的並非是被暱稱「發明王」的成就感，「我希望如果那天不幸的事情再發生，所有在現場的救護員都能從容應對。」

第二十三章 ▼ 鳳凰計畫

★致敬——第三屆個人醫療奉獻獎得主譚維義（Frank Dennis）醫師（台東基督教醫院）

譚維義沒花多少時間，就找到了讓眼前這個病人性命垂危的凶手，是肝膿瘍。

他有專業的學識，也有一雙能夠醫治病人的寬厚大手，但偏偏他的小診所無法替病人執行手術，眼見生命的氣息開始縹緲，逐漸消失在農曆一月份的冷冽空氣之中，譚維義趕緊帶著病人前往醫院急診室。

即使經過多年，他永遠都忘不了那一天，家家戶戶正張燈結彩在慶賀新年的到來，但醫院的急診部人手卻冷清得無法給予患者及時救援，急診部唯一一位值班醫師不僅年輕，也沒有太多手術經驗，面對譚維義送過來的病人，臉上只有為難。

「我也是一位醫師，我知道該如何手術，是不是可以借你們的手術室一用？」根據醫院的規定，值班醫師只能拒絕他，但譚維義不願就此放棄，因為他深知，眼下放棄的不只是一個手術的機會，還有一條寶貴的人命。

值班醫師熬不過他的請託，也熬不過自己的醫者仁心，最後還是出借了手術室，譚維義趕緊為病人放出一千毫升的濃血，這才將病人從鬼門關前搶救回來。

然而也因為這次的緊急事件，讓譚維義省思，他必須要建立一所規模完整的醫院，有設備、有充足的人力，才能挽救更多與他有緣的病患。他開始奔走募款，並回到家鄉美國積極勸募、尋求支援，終於在一九六九年成立台東基督教醫院。

譚維義的主動出擊，周全在地不足的醫療能量，就像那一望無際的臺東平原，綠意猶如剛從焰日下被收下的鬆厚軟被，以極其呵護的輕柔，溫暖包覆這片他誓願守護一世土地。

距離臺東不遠的花蓮，同樣也能看見譚維義這股義無反顧的溫柔。

太魯閣列車出軌意外之後，原本只是被民眾緊急電話叫著到處提供支援的消防員們意識到，原來訓練後的自己能夠做的事情遠比想像中還要來得強大。眼見東部地區醫療能量有限，各醫院在不同計畫經費的支持之下，將醫療送上山，那麼同樣有醫療能量的自己，在能力範圍之內，還能再為東部地區的民眾多做點什麼？

有了針與線，不僅能繡出一朵美麗的牡丹，也能繡編織清新的白蓮，端看拿針之人如何構圖。花蓮縣消防局望向最靠近他們的大山，心想，那將會是把自身醫療能量傳遞出去的第一站。

「別說山難，哪怕只是扭傷、高山症，我們救護車要過去最快也要兩個半小時。」花蓮縣消防局長林文瑞於是得了個空，找上了負責太魯閣國家公園及花蓮、臺東林管處轄內自然生態與環境保護工作的保七總隊大隊長，根據他的瞭解，保七總隊同時也支援當地山難救助任務，「我告訴他，未來也能一起受訓高級救護技術員，在此之前，我們願意先幫他們的人以及巡山員開設初級救護技術員的課程，至少簡單的療傷包紮或是骨折包紮，不必再苦苦等到我們的人抵達。」

對於花蓮縣消防局所提出的誠懇邀約，保七總隊很快就給予正面的回覆，陸續分批派人前來受訓，但對花蓮縣消防局而言，培訓的任務還只是剛開始而已。

「後來我們的同仁寫了一份《鳳凰計畫》，除了提升我們自己的救護能量之外，也期待能廣開救護大門，讓警察、外送員都能受到基礎的訓練，及時幫助等待救援的傷者。」林文瑞笑言，擬寫出這份《鳳凰計畫》的，正是第一期培訓出來的TP劉冠英。

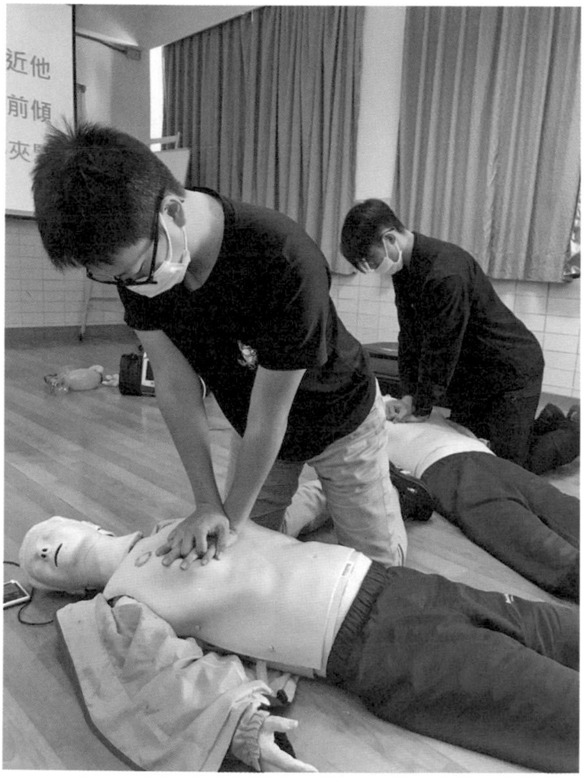

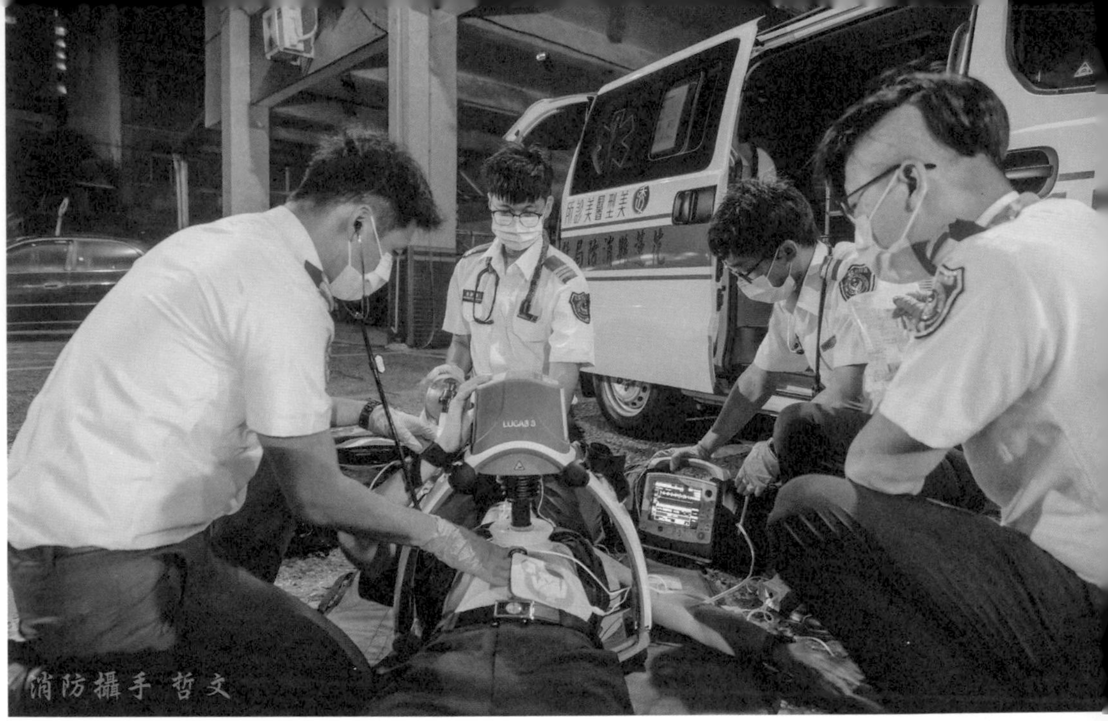

「鳳凰計劃」，救護員能進行現場插管、給藥，提供跟急診室一樣的急救方式，即「行動急診室」，提高急救品質。（蔡哲文攝）

拿出《鳳凰計畫》，在第二項的計畫緣起內容裡，劉冠英如此寫道：「花蓮地廣狹長，擁有三十二萬五千人口。根據統計，花蓮縣消防局在二○二○年共執行一萬七千七百三十八件救護案件，其中有四百四十件到院前心肺功能停止（以下簡稱 OHCA）案件，經過搶救後有八十四件恢復心跳，整體急救成功率為百分之十九．一。」

每一個數據都像一把尖銳的利刃，朝著劉冠英柔軟的心狠狠刺去。而他也不諱言，沒能寫上的數字，更是令人糾結。

「OHCA 的患者是最難處理的，能在搶救後恢復心跳已經很難得，如果還能讓他們康復出院就更不容易。」翻著手中的資料，那個沒寫上計畫案的數字，少得令他難以說出口，「二〇二〇年一整年，花蓮縣 OHCA 患者急救成功並且康復出院的，總計只有十三人。」

話語中加上了「只有」二字，劉冠英幾乎是咬著牙說出口的，擁有護理科背景的他並不願去相信，這個數字代表著已經用盡全力的成果。

「我們救的不是一個人而已，更是一整個家庭。」深鎖眉頭，劉冠英不安於現狀，他開啟思考，在腦中展開無數個實境模擬，並不停的問自己，如何在現有人力與資源的情況下，提升 OHCA 患者急救成功並且康復出院的人數？又該如何讓急救別離成功那麼的遙遠。

於是，《鳳凰計畫》逐漸成形。當他捧著計畫書向林文瑞報告時，走入局長室的雙腿未曾有過退卻，多年來在花蓮服務，理解在地人文與文化，他深知，局長對這個項目會是贊成多過於反對。

林文瑞最終沒讓劉冠英失望，聽完他的報告後，他不僅給予全然的肯定，也讓全花蓮的警消配合執行。

分組優化，全面提升

《鳳凰計畫》要做的事情不少，然而在各個子計畫的脈絡上，猶如茂密大樹上的枝枝葉葉，毫無疑問的全都向著陽光展開生長的枝芽，提升緊急救護品質貫穿整個計畫。

在計畫中，分有五個組別，在期許每一個組別的能力提升上，給予相當明確的方向。

首先是 DACPR（線上指導心肺復甦術）組，成員即指揮中心的同仁，透過過往 OHCA 報案電話錄音，深入了解何以派遣員無法在電話中就把 OHCA 給辨識出來？之後再加強訓練，以提升派遣員的辨識率。

「如果派遣員在第一時間就辨識出來，就是教導患者身旁的人馬上進行 CPR，在救護人員抵達前就先展開救命行動。」劉冠英表示，只要失去呼吸心跳超過五分鐘，人類的大腦就會缺氧，即使最後幸運被救回，也有很高的機率會成為植物人，幸運一點沒成為植物人的患者，也難以再重回正常的生活。

而第二組，也是人數最多的組別則為 Bystander CPR 組，就是負責向民眾宣導 CPR 與 AED（Automated External Defibrillator，自動體外心臟電擊去顫器）的重要性，並協助教學。

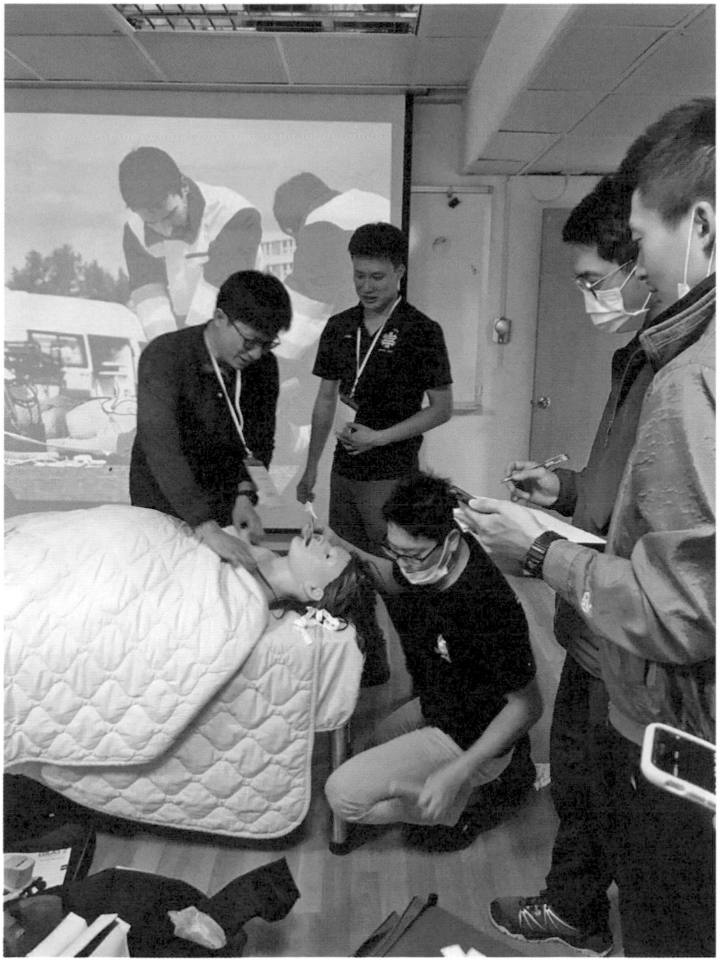

花蓮縣消防局認為，醫療是一種專業，但也能是遍地開花的助人技能，原本預計在二〇二一年完成全縣警察人員的CPR訓練，奈何新冠肺炎疫情開始蔓延，全國宣布三級警戒，計畫只能暫時停止，但他們並不灰心，期待疫情停歇後，除了警察，也能將教學的能量傳遞到美食外送平台的送餐人員身上。

對外宣導是將方法向外輸送，然而在內部的技能提升上，他們更不願漏接。對此，曾受過TP訓練的劉冠英體悟最深，笑言原來CPR也有品質之分。

「在做CPR的時候，壓的是不是夠深？給氧的時間有沒有掌握得宜？給氧給的會不會太多或太少？都攸關CPR施行的品質。」訓練過程中，他充分理解到，高品質CPR的施行能有效提升緊急救的品質，奈何在傳統的CPR教學上，沒有數據提醒，只能憑藉經驗判斷，劉冠英苦笑著說，有很多人壓了大半輩子的CPR，但可能都無法達到高品質CPR的水準。

於是，BLS組即針對所有外勤人員進行CPR普測，利用有數據顯示協助判斷的假人安妮施作，由數據告知該如何改進。

救護品質的掌握上，OHCA品管組也擔起大任，當每一趟救護出勤回來之後，成員會針對該趟出勤的頭戴影像紀錄或行車記錄器展開分析，並將分析後的評分寄給該值勤的救護人員，信件上清楚表達此趟任務哪裡需要加強，哪個作為值得鼓勵。

計畫中最後的 TRM（團隊資源管理）組則主掌流程的撰寫。

「我們不斷在探討，為什麼出勤會有問題？會不會是因為流程有問題？又該如何優化？」細細分類，劉冠英表示 TRM 組的組員身扛重責，「我們希望全花蓮的救護單項流程，包含 OHCA、插管、心肌梗塞、呼吸喘、中風、各式創傷等等，都有完整的流程，提供給出勤的大家能有遵循的方向。」

大體實習，經驗加成

問劉冠英，《鳳凰計畫》期待能達到救護的普及與品質的提升，並期待能如林文瑞所言，將救護能量撒豆成兵，然而從二〇二一年初執行至今，可有成果？

原本以為，這個問題會讓劉冠英感到為難，畢竟計畫才剛上路半年，但他卻興奮以對，直說：「當然有！」

「這個計畫最大的精髓，就是數據化，讓數據來說話。」他表示尤其是 OHCA 品管的發揮效應最大，「因為他們可以反映出第一線救護人員所遇到的問題跟心聲，藉此來呈現目前我們遇到的困難是什麼，進而說服消防局編列或爭取器材設備的預算。」

劉冠英以 OHCA 患者為例，表示在面對 OHCA 患者時，第一線救護人員所做有限，除了高品質 CPR 之外，就是提供患者腎上腺素。然而有許多救護人員沒能來得及在將患者送到醫院之前給藥，追根究底不是不願意，也並非是救護訓練知識的不充足，而是 OHCA 患者沒有血流，救護人員僅能使用的靜脈留置針很難打得進去。

「於是我們就用這個數據向上呈報，並表示直接裝在骨頭裡的骨針將會是最好的解套方式。」談起這半年來，因為這些蒐集第一線的救護困境所得的數據，劉冠英的笑容就像一場雨，怎麼也止不住，「《鳳凰計畫》為我們第一線添購很多得力器材。」

包含十四套骨針、七套鏡像喉頭鏡、三台手動電擊器以及最新型的自動心肺復甦機等，劉冠英一一計數，直言光是這半年的器材添置就將近一千萬元。

然而談起另一個數據，他臉上的笑容則顯得陽光燦爛，因為截至二〇二一年五月底，花蓮縣 **OHCA** 患者急救成功並且康復出院的，就有十一人，幾乎就要達成去年一整年的成就。

「這說明了這個計畫的方向是沒有錯的。」林文瑞接口表示，他肯定同仁的過程中的努力與付出，也感謝全局的消防弟兄都能配合執行，另一方面，更是感謝始終與他們並肩同行的「好鄰居」花蓮慈濟醫院一路以來的相伴與支持。

「一組就要二十幾萬的硬式插管的配備，我們最近也會添購幾組。」面對新式設備的到來，林文瑞與隊員們內心的蒼白無力卻多於興奮，畢竟沒有充足的經驗，要用在患者身上，也怕技術不熟練而耽誤了分秒都不得耽擱的救援時間。

「我們真的很感謝花蓮慈濟醫院，願意提供大體老師讓我們的隊員有機會可以實習。」林文瑞口中的大體老師，原是為了要讓醫學生能有解剖學習的機會，一九九五年在慈濟基金會創辦人證嚴法師的呼籲之下，有了第一位自願捐贈大體者，日後隨著人數不斷累增，部分大體老師則採急速冷凍的方式，解凍後就如同接受麻醉的病人，提供給臨床醫師學習之用，而花蓮慈濟醫院為了協助當地的 **TP** 對硬式插管的熟稔度，也大方提供。

林文瑞表示，過往在接受新技術訓練時，大多使用假人進行訓練，但無論練習多少回，仍然不足成為真正的經驗，「在大體老師身上先學習過後，等於我們的同仁的經驗就開始在累增，往後遇到有需要的傷患，就能立刻上手。」

互相提攜、相互提升，在資源共享與合作之下，救護端與醫院端成為了緊急救難時刻共伴彼此的堅強戰友，在醫療資源不平均也不甚豐沛的當地，他們支撐著彼此的能力，也安慰了彼此承受巨大壓力的心靈。

花蓮雖然是一個多雨的縣市，但在太陽露臉的那些時日，陽光堅持燦爛，也讓鳳凰得以自在遨翔。

未來：齊心，負重向前行

第二十四章▼擦亮花束的櫥窗

★致敬——第十四屆團體醫療奉獻獎得主慈濟人醫會

一九九六年慈濟基金會成立「慈濟醫事人員聯誼會」，召集來自各醫療院所的醫護人員、醫技人員、藥劑師、行政人員，並和慈濟志工共同組成，深入偏鄉村落巡迴義診，一九九八年更名為「慈濟人醫會」，隨著加入的人愈來愈多，不僅臺灣各地，全球各地也逐漸發酵響應，二〇〇〇年召開首屆年會，正名為「國際慈濟人醫會」（Tzu Chi International Medical Association, TIMA）。

在宗旨與制度不變之下，各地人醫會有自己的規劃與組織，深入該區醫療不足的村落進行定期與不定期的義診，由於各科的專科醫師豐沛，因此也被人們暱稱是「行動醫院」。當遇上國際間重大災難來襲，各國人醫會成員也會快速集結，秉持著志工助人的精神，自費自假跨國支援，在國際災難現場，甚至還能進行外科手術。

眾善匯集，當第十四屆醫療奉獻獎將團體獎項頒發給慈濟人醫會時，如此形容——這世上有一所醫院，從臺灣、東南亞、美洲到大洋洲，往世界延伸出去，無邊無界。這所醫院總是在

緊急救援的直升機在德興降落後，再救護車接駁就近送花蓮慈濟醫院。（楊均潍攝）

花東地形山高水深，在緊急救援中，常可見直升機支援勤務。

最貧苦的地方、最艱困的環境中開診，把「藍天白雲」送往最灰暗、陰霾的角落；付錢的人，不是上門求醫的病人，而是救人的醫護人員和勤奮熱心的志工，這是由「國際慈濟人醫會」建造的行動醫院。

數十年來，花蓮慈濟醫院急診部無疑也是輸出院內醫師到花東各醫院支援的「人醫會」。

東部地區醫護不足的窘境猶如一道永恆的詛咒，在地服務多年的花蓮慈濟醫院急診部兼急診內科主任陳坤詮有時候甚至會以為時間已經被永遠的凍結在某年某月某日。

要談起東部地區醫護欠缺的狀況，陳坤詮的腦海裡裝滿了許多的故事，思來想去，他決定從那一根魚刺開始談起。

那是一個其他專科的門診都還在準備中、

尚未開放看診的清晨，門診區冷冷清清，但二十四小時無休的急診室依舊忙碌。此時，一個男人走了進來，外表既沒有明顯的傷勢，也沒有觸目驚心的血痕，但急診室的同仁仍謹慎看待，外傷還能看明，看不見的內傷才更令人憂心。

男人手摀著脖子，困難的發出求救：「我的喉嚨卡了一根魚刺……」

再問他是什麼時候卡住的，男人不太想講太多話，就怕魚刺會將他的喉嚨給刺破。他勉強的回答，說是昨天晚飯時間，大約是七點。

「為了那一根魚刺，他清晨五點搭火車從臺東過來我們這裡掛急診。」陳坤詮回憶當時，醫護人員快手快腳的，不一會兒時間就把卡在男人喉間、令他折磨一整晚的魚刺給夾出來，這也才能和他好好的對話，瞭解前一天晚上事發當時的經過。

男人說，魚刺橫亙在他喉間不上不下的時刻，早已經過了全縣診所的下午看診時間，他不得不往醫院的急診室去，奈何當天急診室沒有耳鼻喉科的醫師值班，情急之下追問，他才得知，縱使找遍全臺東的醫院，此時此刻他可能連一位耳鼻喉科醫師都找不到。

痛苦難耐的他已經無法再忍到隔日早上的看診時間，「所以五點多我就坐上火車，到花蓮來找醫生。」

「只為了一根魚刺。我們挑完之後，他就坐火車回臺東了。」陳坤詮細數花東的醫療能量稀微的猶如淘金熱的末期，黃金不多了，但河流依舊奔騰，「在都市你可能有好幾家醫學中心可以挑選，要不，區域醫院也能提供這樣的服務，但是在東部地區，醫師就是那麼少，也不可能要醫師都不休息，運氣差一點，就會像這個男人，因為一根魚刺而找不到專科醫師幫忙。」

醫療能量不足，健康不得平權

多年來，他不只一次感嘆，東部地區的醫療困境，還有好長一段路要走。

身處緊急救護的第一線，他看得太多，每一個故事都足以刺痛他的雙眼。

曾有一名八十幾歲的老爺爺來就診，陳坤詮仔細檢查之後，發現老人家的不舒服是因為腸胃炎所引起，有感於對方年事已高，因此他建議對方不如住院觀察幾天，等病況穩定後再回家。

結果老人一聽，立即撐起不舒服的老邁身軀，嚷嚷著他要回家穿衣服。

陳坤詮一聽，不禁疑惑的問：「穿衣服？你要回家穿什麼衣服？」

「我要回家穿壽衣！」老人泣訴的語氣裡，有萬般的難過。

「他家離醫院很遠嗎？沒有，他就住在花蓮市而已。」陳坤詮想表達的是，生病本身就是一件辛苦的挑戰，對許多人而言，不能在自己習慣的環境中安養，就更是苦不堪言。

「以這個例子來看看那些居住在偏鄉地區的民眾，他們甚至不能在當地醫院治療，還得轉院。」陳坤詮曾在一次前往玉里慈濟醫院支援的時候，在急診室遇見一個因為酗酒導致酒精中毒被送來的婦人，他判斷病人目前的狀況必須馬上住進加護病房。

然而當時玉里慈濟醫院並沒有加護病房，因此他建議不如轉到花蓮慈濟醫院。但婦人的先生聽了，不僅沒有同意，反而要陳坤詮幫他開單，讓他帶老婆出院，見陳坤詮臉上的遲疑，不禁嚷嚷著說：「你如果不簽，那我自己回去！就讓她在這裡，隨便你們怎麼弄！」

在偏鄉服務多年，陳坤詮不是不明白這位先生的憂愁，轉院對經濟勉強度日的他們而言，撇去救護車的費用，來到花蓮之後，先生勢必得捨下工作陪病，陪病期間精神的耗損種種，全都是令人為之退卻的難解習題。

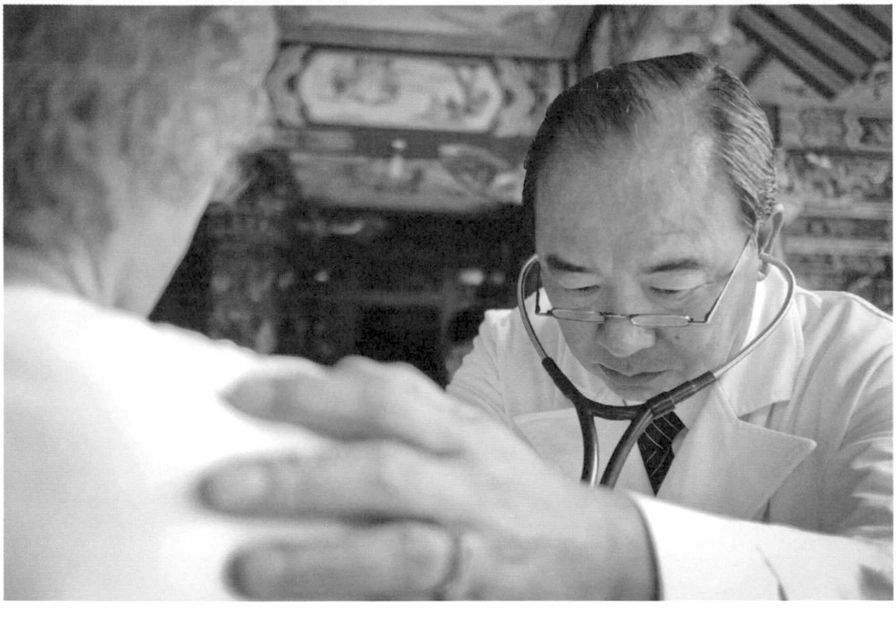

病人走不出來的地方，醫師走進去。在疫情發生前，東區人醫會每月至少有一次義診進入偏遠村落，團隊包括牙醫（上圖）、中醫、西醫（下圖）、還有志工。

班不缺人缺，人力救急

陳坤詮口中的這些困境不是沒有解決之道，只是要提升東部的醫療能量說來短短幾個字，做起來卻得耗盡漫漫人生。微微提起嘴角，雖然朦朧，但那是個笑容沒錯，「至少，我們一直在努力，而且是醫院與醫院之間一起努力。」

回想起十幾年前自己還是一位住院醫師的時候，陳坤詮就已經開始在支援關山慈濟醫院與玉里慈濟醫院的急診室輪班工作。

陳坤詮進一步解釋，基本上急診室分白天與晚上兩個班，一個月最少也要六十個班，而每個班都需要一位合格的急診室醫生，一般而言，一位醫師每個月要上十五個班，等於每個月至少需要四個人手才可以維持急診室的運轉。

陳坤詮以關山為例，當地急診醫師不足，即使有身為骨科的院長潘永謙親自輪班，婦產科、內科以及外科醫師也投入支援，協助急診室能正常的運作，然而這些醫師平日都有自己的門診以及手術等業務，一個月能支援十個班就已經仁至義盡，因此每個月仍會有十至二十個班有開天窗之虞。

「玉里慈濟醫院的狀況也相去不遠。」陳坤詮眨眨眼，或許向前望去，他看不見世界的邊

冬季，花蓮慈院、門諾醫院、花蓮國軍總醫院均要支援合歡山雪季醫療，
幫助高山症遊客。

緣，但同在慈濟體制，自己不可能見死不救。支援是當仁不讓的，但十幾年來時常到兩間醫院急診室工作的他自然也明白支援的辛苦之處，他的聲音在會議室裡迴盪，「辛苦的不是上班時間的累，而是前往上班的路程竟然是如此遙遠。」

火車時刻表密密麻麻，但他永遠都不會忘記那一班列車的時間，那是三〇六車次的自強號，早上的六點零七分準時從花蓮出發，如果是夏天，太陽早已透過薄霧照亮大地，如果是冬天，陽光則尚未甦醒，眼前視野會是一片美麗的藍灰色。

「這班車到玉里大概是七點三十六分，到關山是八點十五分。」三〇六車次沿途的風景在十幾年的時間早已經在陳坤詮的腦海中烙下了印記，旅途中的震盪也煎熬了他無助的脊椎與屁股，「上個班，通勤時間來往就要三個小時起跳，如果可以，我們都會先讓年輕一點的主治醫師去。」

但回過頭來看花蓮慈濟醫院，難道身為醫學中心有人力充足的優勢？陳坤詮搖搖頭，笑說再寬闊的海岸，也有潮起與潮落在，花蓮慈濟醫院在人才招募上並非一路順遂，尤其是七八年前，急診室也曾一度人手不足。

走過這一段日夜抱著班表苦惱找不到人的歲月，陳坤詮更能心領神會，何以在地的人才始終難以久留。

「我有一些很優秀的學弟妹，在這裡工作五年、七年都有，但漸漸的他們就想回西部去了，為什麼？因為要照顧父母。」陳坤詮的話中沒有譴責，只有感同身受，他表示，照顧父母求去的為大宗，還有部分同事則考量孩子的升學條件，決定到西部定居。

在那一段自己也奔忙不過來的時日，陳坤詮坦言，到關山與玉里的人勢必會變少，這幾年慢慢補足之後，才又有充沛的能力全力支援。

緊急求援，一家都不能倒

旱災發生，受累的土地將是遼闊的，人力缺乏的醫院，可不只有玉里與關山。

「大概是前年的十一月、十二月左右，部立臺東醫院的院長親自來拜訪我們院長。」二〇一九年底的花蓮，正迎來一股寒流，讓人不禁瑟瑟發抖，但當天在會議室裡的討論，在陳坤詮的記憶中沒被寒霜給模糊，依舊鮮明，尤其是部立臺東醫院院長樊聖口中的困境與情景，一字一句，他都還記得清清楚楚。

「他本來有四名急診醫師，但只有兩個是編制內的，另外兩名，一個是從部立桃園醫院來支援，另一名則是彰化秀傳醫院來幫忙的，原本四個人勉強也就能撐六十個班，結果前一陣子，其中一名編制內的急診醫師遞出辭呈。」缺了一堵牆的房子，就再也無法提供全然的遮風避雨之用，但天氣的變化莫測，人類無力抗衡，無法決定日日都是天光明亮，晴朗無雲。

聽到對話至此，陳坤詮心裡有數，他知道對方的來意為何，但部立臺東醫院院長樊聖的話卻還沒說完。

用盡全身力量的一個嘆氣，是他話與話之間的頓號，再開口，說的是院內的復健科與身心科也因為找不到醫生，所以沒有辦法開設門診。「雖然部立醫院屬衛生福利部的系統，過往支援都會請其他區同為部立醫院的醫師協助，然而臺東實在太遠，其他醫院要派人手過來實在也是為難……」

他強大的無助感早已驅逐氣溫冷冽，並包圍了現場所有的人。

當部立臺東醫院院長樊聖說著話的同時，陳坤詮同時也望向自家醫院的院長林欣榮，只見他靜靜的聽，臉上沒有肅穆，只維持著一貫的笑容，在此同時，他就明白了院長內心的決定會是什麼了。

面對對方一口氣請求急診室醫師、復健科以及婦產科等三科的人力協助，林欣榮耐心的聽對方把話給說完，幾乎沒有任何遲疑，開口便是應允，「我們知道花東地方要找人的困難，互相幫忙是應該的，我們一定會全力幫忙。」

院長的一個指示，陳坤詮與在場其他科的負責人很快就展開協調人力的動作，「我們在一個月內就把要去支援的人手排出來，二〇二〇年的一月就開始派人到臺東去。」

派人只是一個動作，但被派出的同仁所要承受的辛酸苦澀卻是訴諸不盡的，支援的醫師得適應該醫院的人文條件、運作方式，陳坤詮認為，其實這些的不同對一名醫師而言，就是一個全新的工作型態，壓力與負擔難以一語道盡。

抬起眼，望向筆者，陳坤詮的笑容有一絲對同事的愧對，「而且光上一個班，來回的車程就要四個鐘頭呢！」

可是他們沒有拒絕的理由，正因為一股使命。

林欣榮常常說：「花東地區的醫院實在太少了，為了花東地區民眾的健康福祉，花東十七家醫院一家都不能倒，我們能幫忙，就盡量幫忙。」

不是為了面子，也並非追求名利，林欣榮追求的是在地民眾的健康平權，他認為花東地區的醫院多數是公家醫院或宗教醫院，能在營利幾乎年年虧損之下依舊苦撐至今，象徵著每家醫院核心理念的柔軟，因此在花東地區的醫院之間沒有競爭關係，唯有齊心合作。

因此當風險移撥款提撥下來之後，花蓮慈濟醫院同樣也串連起十七家醫院的相互合作，無論是在偏鄉服務、遠距醫療、糖尿病照護、C肝防治、癌症篩檢或是緊急救護上，都擬定共同的目標，齊心合作。

其實這個相互合作，早在風險移撥款之前就已經行之有年，一如急診醫師的相互支援。而風險移撥款就像一道彩虹，讓雨後天晴的璀璨世界裡，添上一抹繽紛的色彩，如今在各個計畫上都能看見成果顯現。

「我們要大家一起好，花東才會好。」花東地區的醫療困境依舊有數不清的關卡，但林欣榮仍然樂觀看待，「只要我們齊心協力，一定可以擦亮花東的櫥窗。」

參考資料來源

醫療奉獻獎撰文參考資料來源：財團法人厚生基金會官網醫療奉獻獎報導

http://www.hwe.org.tw/Html/AwardWinnersList

日頭浮海照亮的所在：照護臺灣東部醫療的真心英雄 / 花蓮慈濟醫學中心，凃心怡作 .-- 初版 .-- 臺北市：時報文化出版企業股份有限公司，2021.10
面；　　公分 .--（人與土地；36）
ISBN 978-957-13-9509-8（平裝）

1. 醫療救濟 2. 醫療服務 3. 醫療社會工作 4. 通俗作品

548.21　　110015908

ISBN 978-957-13-9509-8
Printed in Taiwan

人與土地 36

日頭浮海照亮的所在：照護臺灣東部醫療的真心英雄

總策畫　花蓮慈濟醫學中心｜**撰文**　凃心怡｜**照片提供**　台東馬偕紀念醫院、台東基督教醫院、門諾醫院、關山慈濟醫院、花蓮慈濟醫院、花蓮縣消防局｜**協力編輯**　花蓮慈濟醫院公共傳播室｜**主編**　謝翠鈺｜**資深企劃經理**　何靜婷｜**封面設計**　劉明德｜**封面攝影**　林辰儒｜**美術編輯**　SHRTING WU｜**董事長**　趙政岷｜**出版者**　時報文化出版企業股份有限公司　108019 台北市和平西路三段 240 號 7 樓　**發行專線**—(02)2306-6842　**讀者服務專線**—0800-231-705・(02)2304-7103　**讀者服務傳真**—(02)2304-6858　**郵撥**—19344724 時報文化出版公司　**信箱**—10899 台北華江橋郵局第九九信箱　**時報悅讀網**—http://www.readingtimes.com.tw｜**法律顧問**　理律法律事務所　陳長文律師、李念祖律師｜**印刷**　勁達印刷有限公司｜**初版一刷**　2021 年 10 月 29 日｜**定價**　新台幣 420 元｜缺頁或破損的書，請寄回更換

時報文化出版公司成立於 1975 年，並於 1999 年股票上櫃公開發行，
於 2008 年脫離中時集團非屬旺中，以「尊重智慧與創意的文化事業」為信念。